江西经济管理干部学院资助出版

他山之石
可以攻玉

中国书籍学术之光文库

中美英税制比较研究

范秀娟 | 著

图书在版编目（CIP）数据

中美英税制比较研究/范秀娟著．—北京：中国书籍出版社，2020.7

（中国书籍学术之光文库）

ISBN 978－7－5068－7666－7

Ⅰ.①中…　Ⅱ.①范…　Ⅲ.①税收制度—对比研究—中国、美国、英国　Ⅳ.①F812.422②F817.123.2③F815.613.2

中国版本图书馆 CIP 数据核字（2020）第 002552 号

中美英税制比较研究

范秀娟　著

责任编辑　毕　磊

责任印制　孙马飞　马　芝

封面设计　中联华文

出版发行　中国书籍出版社

地　　址　北京市丰台区三路居路 97 号（邮编：100073）

电　　话　（010）52257143（总编室）　（010）52257140（发行部）

电子邮箱　eo@chinabp.com.cn

经　　销　全国新华书店

印　　刷　三河市华东印刷有限公司

开　　本　710 毫米×1000 毫米　1/16

字　　数　161 千字

印　　张　12.5

版　　次　2020 年 7 月第 1 版　2020 年 7 月第 1 次印刷

书　　号　ISBN 978－7－5068－7666－7

定　　价　95.00 元

序

笔者查阅中国三千年封建社会历史，发现每一次农民起义，均有不纳粮、轻赋税之类的口号。税负过重，会造成政权不稳。但是，过分地“藏富于民”，国家机器运转失灵，亦无法抵抗外来之敌。典型如中国的宋朝，养不起军队，被元朝取代。

目光回到现在。中国幅员辽阔，政体多样，统一尚未全部完成，因此其税制亦各成一体。中国内地、台湾、香港、澳门的税收体系与制度千差万别。

本书仅涉及中国内地的税收制度。

近几年，随着征管水平的提高，中国政府的税收收入增长率高于GDP增长率，无论企业、个人，对税收的痛感加强，改革税收制度的呼声不绝于耳。

在任何时代、任何国家，税收制度的优劣均不宜孤立地评价。

仅根据2017、2018年的经济数据，排行榜上，美国继续占据第一，中国第二，英国第五，中美英三国在国际上的影响力可见一斑。中美英三国在政治、经济领域的合作非常紧密，需要在税收制度方面取长补短。

中美英三个国家，建国历史不同，政治体制不同，经济业态不同；中国的税收改革，可借鉴美英两国的政策，但切忌照搬。

自1789年成立起，美国一直奉行分权与制衡的政治机制，其政府组织，无论横向、纵向均采用这种方式。在三权分立的制衡机制下，税种的开征与废止均非易事。现在，美国以“宽税基、低税率和少优惠”作为其税收制度的主要发展方向。

美国的税收收入结构不断变化。第一次世界大战前，地方政府征收税款占总税款一半以上。第一次世界大战结束后的二十年间，州政府的税收迅猛增长。第二次世界大战爆发后，联邦政府便开始占主导地位。在1942年，地方政府、州政府、联邦政府的税收占总税款的比重变为20%、22%、58%，这种格局至今依然保持。

有鉴于此，笔者书中仅仅介绍联邦税。

突破重重阻力，特朗普税改现已实施，美国的税改给国际社会带来了减税浪潮，中国也要积极应对。

作为最早实行君主立宪制的国家，英国对国际社会的发展发挥了重要的作用。用妥协的艺术解决财税困境，比用对抗的措施，更利于统治者的长治久安。英国人非常高明，古老的王室与现代社会并行，体现了政治的妥协与诚信。

本书共分四章，对中美英三国税收制度的优劣进行了客观的评价、比较。

本书酝酿于2017年7月，查阅资料止于2019年3月。在完稿之际，感谢家人的鼓励和理解。

作为江西现代服务业发展研究院的文库，本书由于获得了江西经济管理干部学院的经费资助，才得以顺利出版。在此，感谢我的工作单位江西经济管理干部学院的大力支持。

范秀娟

2019年4月1日

目 录
CONTENTS

第一章

中国税制

第一节　历史沿革

中国税收制度历经了三个时段的重大变迁，即 1949—1978 年，1978—1994 年，1994 年至今。

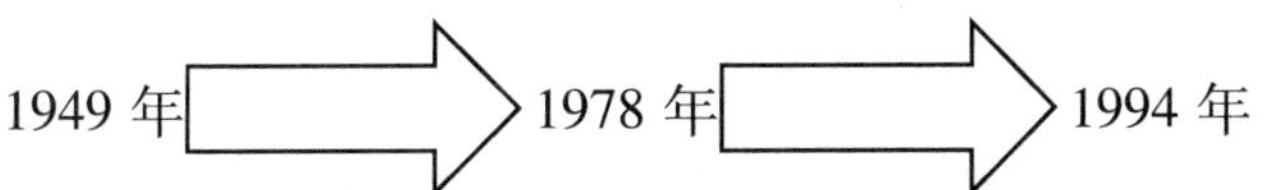

在上述三个历史时期内，中国的税收制度先后进行了五次重大改革：第一次，新中国成立之初的 1950 年，当年，在总结老解放区税制建设的经验和清理旧中国税收制度的基础上，建立了中华人民共和国的新税制；第二次，1958 年的税制改革，当年，社会主义改造基本完成，为适应经济管理体制发生变化后国家经济形势的要求，税改的主要内容是简化税制；第三次，1973 年的税制改革，其主要内容仍然是简化税制；第四次，1984 年的税制改革，其主要内容是普遍实行国有企业“利改税”和全面改革工商税收制度，以适应发展有计划的社会主义商品经济的要求；第五次，1994 年的税制改革，其主要内容是全面改革

工商税收制度，以适应建立社会主义市场经济体制的要求。

一、改革开放以前的税制状况（1949 年—1978 年）

从 1949 年新中国成立到 1978 年的 29 年间，中国税制建设的发展历程十分曲折。

新中国成立后，立即着手建立新税制。1950 年 1 月 30 日，中央人民政府政务院发布《全国税政实施要则》，规定全国共设 14 种税收，即货物税、工商业税（包括营业税和所得税两个部分）、盐税、关税、薪给报酬所得税、存款利息所得税、印花税、遗产税、交易税、屠宰税、房产税、地产税、特种消费行为税和使用牌照税。政务院同时规定，各大行政区、省、市可自行拟定征收其他税种，前提是报经中央批准。到 1957 年，税制在执行过程中做了部分调整。例如，将房产税和地产税合并为城市房地产税，将特种消费行为税并入文化娱乐税和营业税，增加契税和船舶吨税，试行商品流通税，农业税正式立法并在全国统一开征，薪给报酬所得税和遗产税从未开征。

总之，新中国成立之初，从 1950 年到 1957 年，中国建立了一套以多税种、多次征为特征的复合税制。这套税制的建立和实施，迅速地稳定了经济，促进了国家财政经济状况的根本好转，并配合了国家对农业、手工业、资本主义工商业的社会主义改造。

从 1958 年到 1978 年的二十年间，我国税制虽然几经变革，但走的都是片面简化的路子。二十年间，税务机构被大量撤并，大批税务人员被迫下放、改行，税种日益减少，税制越来越简单，严重地妨碍了税收职能作用的发挥。1958 年工商税制共设 9 个税种〔工商统一税、工商所得税、盐税、屠宰税、利息所得税（1959 年停征）和牲畜交易税（全国未统一）等〕，1973 年工商税制一共设有 7 种税〔工商税（盐税名义上并入此税但征收依然按照原来的办法）、工商所得税、城市房地产税、车船使用牌照税、屠宰税、工商统一税和集市交易税〕。对国有企业仅征收工商税，对集体企业征收工商税和工商所得税这两种税，城市房地产税、车船使用牌照税、屠宰税这三种税仅对个人和极少数单位征收，而工商统一税仅对外适用。

不过，在这二十年间，农业税、牧业税、契税、关税、船舶吨税一直处于开征状态，变化不大。

二、为促进改革开放而进行的工商税制改革（1978 年—1991 年）

1978 年底，十一届三中全会明确提出了改革经济体制的任务，随后，党的十二大进一步提出要抓紧制定改革的总体方案和实施步骤。这些重要会议及其所做出的一系列重大决策，对税制改革具有极为重要的指导作用。

1978 年—1982 年是中国税制建设的恢复时期和税制改革的准备时期。为了配合贯彻国家的对外开放政策，财税部门第一步先行解决了对外征税的问题。从 1980 年 9 月到 1981 年 12 月，国家先后通过并公布了《中外合资经营企业所得税法》、《个人所得税法》和《外国企业所得税法》；同时，对中外合资企业、外国企业和外国人继续征收工商统一税、城市房地产税和车船使用牌照税，初步形成了一套大体适用的涉外税收制度，适应了我国对外开放初期引进外资、开展对外经济技术合作的需要。

在建立涉外税制的同时，财税部门就改革工商税制和国有企业利润分配制度，做了大量的调研工作，并在部分地区进行了试点。1982 年 11 月，第五届全国人民代表大会第五次会议，通过了国务院提出的此后 3 年税制改革的任务。

1983 年—1991 年这一时期，是中国税制改革全面展开的时期，取得了改革开放以后，税制改革的第二次重大突破。

作为企业改革、城市改革的一项重大措施，1983 年，国务院决定在全国试行国有企业“利改税”，将实行了 30 多年的国有企业向国家缴纳利润的制度，改为缴纳企业所得税的制度，并取得了初步的成功。从 1984 年 10 月起，在全国实施第二步“利改税”和工商税制改革，发布了关于征收国营企业所得税、国营企业调节税、产品税、增值税、营业税、盐税、资源税等税收的行政法规。此后，国务院继续发布了其他税收的行政法规，并决定开征特别消费税。

1991 年，第七届全国人民代表大会第四次会议，将《中外合资企业所得税法》与《外国企业所得税法》，合并为《外商投资企业和外国企业所得税法》。至此，中国的工商税制共有 32 种税收，即产品税、增值税、营业税、盐税、资源税、城镇土地使用税、国营企业所得税、国营企业调节税、集体企业所得税、私营企业所得税、城乡个体工商业户所得税、个人收入调节税、国营企业奖金税、事业单位奖金税、国营企业工资调节税、固定资产投资方向调节税、城市维护建设税、烧油特别税、筵席税、特别消费税、房产税、车船使用税、印花税、屠宰税、集市交易税、牲畜交易税、外商投资企业和外国企业所得税、个人所得税、工商统一税、城市房地产税和车船使用牌照税。除此之外，还有下列 5 种税种：农业税、牧业税、契税、耕地占用税、关税。

总之，从 1978 年到 1991 年，初步建成了一套内外有别、以流转税和所得税为主体、其他税种相配合的新的税制体系。大体适应了中国经济体制改革起步阶段的经济状况，税收的职能作用得以全面加强，税收收入持续稳定增长，宏观调控作用明显增强。

三、1994 年的分税制改革

1992 年以后，特别是中国共产党第十四次全国代表大会，确立了建立社会主义市场经济体制的战略目标，中国的改革开放进入了一个新的历史阶段。这一时期，是中国税制改革全面深化的时期，取得了改革开放以来税制改革的第三次重大突破。1993 年 12 月底，工商税制改革的有关法律、行政法规陆续公布，从 1994 年起在全国实行。

1994 年税制改革的总的指导思想是：统一税法、公平税负、简化税制（税种设置由原来的 37 个减少为 23 个）、合理分权，理顺分配关系，保障财政收入，建立符合社会主义市场经济要求的税收体系。

1994 年工商税制改革的主要内容，包括以下六个方面：第一，以增值税为核心，并设置消费税、营业税，建立起交叉征收、双层调节的新的流转税制格局；第二，统一内资企业所得税；第三，将原有的个人所得税、个人收入调节税和城乡个体工商户所得税统一为修改后的个人所得税；第四，开征土地增值税、证券交易税，改革资源税和城市维护建设税，简并盐税、烧油特别税，并取消与形势发展不相适应的税种；第五，调整减税免税的范围、内容，大幅度压缩减免税项目，除税法规定的减免税项目外，非经国务院批准，任何地方、部门一律无权规定减免税；第六，颁发并修改《中华人民共和国税收征收管理法》及其实施细则，强化了税务机关的税收强制执法权，完善了对税务机关的执法制约制度和对纳税人合法权益的保护制度，健全了对税收违法行为的处罚制度。

经过这次税制改革及之后对税制的不断完善，我国已经初步建立了适应社会主义市场经济体制需要的税收制度。

2018 年，国税、地税两个征收机关合二为一。新中国成立后，税种数量变化详见表 1－1。

表 1－1　税种数量表

年度	税种数量
1950 年	14 种

续表

年度	税种数量
1973 年	12 种
1991 年	37 种
1994 年	23 种
2016 年	22 种

第二节　重大事件

对现行税制有重大影响的，有三个重大事件：1994 年的分税制改革；2006 年取消农业税；2012 年开始的“营改增”。

下面分别介绍这三件大事的情况。

一、分税制改革的背景、过程及影响

分税制实行以前的 40 年，我国的财政体制很不稳定，方式多样，且经常变化，长的不过四五年，短的仅一年。

新中国成立后，国家决定建立一套完美的社会主义计划经济体制，作为其基础的财政制度，1950—1952 年、1969—1970 年全国实行统收统支体制，其余年份则实行小有改动的分类分成或总额分成体制。20 世纪 80 年代改革开放之后则开始实行“包干制”，某种意义上，“包干制”可以说与农村联产承包责任制、国企承包制一脉相承。行政性分权的“财政包干”是中国 20 世纪 80 年代末到 90 年代初的主要财政模式，其要点是“划分收支，分级包干”，并根据不同地区的情况，采取六种不同形式（收入递增包干、总额分成、总额分成加增长分成、上解额递增包干、定额上解、定额补助），另外，还有五五分成的分税制

试点。当时的这种状况，被形象地比喻为“一省一率”的财政体制。

1. 包干制的弊端

财政包干制，在改革开放前期发挥了在传统体制上进行渐进改革突破，为后续的多方面改革提供操作空间的作用，同时，扩大了地方政府财权，调动了地方政府理财和发展地区经济的积极性。在“多劳多得”的刺激下，广东、浙江等沿海地区经济迅速崛起。

但另一方面，包干制与“条块分割”地按照行政隶属关系控制企业的旧体制相结合，所造成的弊端亦日益显露。在地方各种形式的财政大包干中，收支基数、上缴或补贴数额，都是通过中央与地方一对一的谈判达成的，缺乏透明度，交易成本相当高。这种“讨价还价”式的谈判以各种方式不断延续，而在每年的年中和年终财政工作会议上，“讨价还价”更是达到高潮。

包干制的实际结果是：造成地方政府在编制预算时出现“一年之计在于争”的局面。即地方政府要与中央政府“争”尽可能大的支出“基数”，尽可能小的收入“基数”，而地方政府自身的努力程度，仅仅成为影响地方财政状况的次要因素。“重分配、轻生产”的制度安排，必然导致“越包越瘦”的局面。而所谓承包，是“包盈不包亏”，即使包上来的也跟不上物价上涨，物价一涨财政就又缺了一块，这些，都造成了税收来源困难。同时，地方承包了以后，就有了这样一种心理：我增收一块钱，你还要拿走几毛，如果不增收，不就一点都不拿了吗？于是，就出现了“藏富于企业”“藏富于地方”的现象，给企业减免产品税，造成“不增长”，然后通过非财政途径的摊派，收取费用。结果，生产迅速发展，而间接税（产品税）收不上来。如此，中央收入被“包”死了，造成中央财政困难的窘境。而地方的日子相对于中央财政，要好过得多。最少的年份，全国财政收入仅增收 100 多亿元，其中，中央财政增收五六十亿元。

老财政体制的弊病，从上海和北京可窥见一斑。对上海，实行的是定额上解加递增分成的模式。定下每年财政收入 165 亿元，100 亿元归中央财政，65 亿元归地方财政，每增加一亿元，中央与地方五五分成。结果，上海实行财政包干五年，年年财政收入都是在 163 亿～165 亿元之间，一点没增长。对北京，采取的是收入递增包干分成模式，约定的年增长率是 4%，结果 5 年之中，北京每年财政增长为 4%。

1978 年，财政收入占 GDP 的比重为 31.2%，到 1993 年，下降到 11.2%，平均每年下降一个多百分点。相应的，中央财政收入占全国财政收入的比重，由 1979 年的 46.8% 下降为 1993 年的 31.6%；由此造成中央财政的收支，必须依靠地方财政的收入上解才能平衡的状况。由于中央财政收入严重不足，20 世纪从 80 年代末到 90 年代初，甚至发生过两次中央财政向地方财政“借钱”并且借而不还的情况。20 世纪 80 年代中期的“能源交通基金”、1989 年的“预算调节基金”，都是为了维持中央财政的正常运转，而采取的非常措施。

2. 分税制改革的历程及方案

分税制改革从提出到最后出台，历经八载。

1987 年，中国高层就有搞分税制的动议。1987 年 10 月召开的中共十三大通过的报告，极为简要地提到，要“在合理划分中央和地方财政收支范围的前提下实行分税制”。1990 年，财政部提出了“分税包干”的方案。1992 年年初，邓小平发表南方谈话后，社会主义市场经济逐步建立，分税制被再次提出。1992 年，党的十四大报告提出“要逐步实行税利分流和分税制”，同年，中央选择辽宁、天津等九个地区进行分税制试点。

1993 年 5 月，中央成立了十四届三中全会的文件起草小组，分税制改革被正式写进《关于社会主义市场经济若干重大问题的决议》。可以说，在分税制改革的历程上，十四届三中全会起了“一锤定音”的决定性作用。1993年十四届三中全会决议里，对财政改革共提出三点要求：第一，在中央政府和地方政府之间实行分税制，用分税制的办法解决中央和地方之间的财力分配关系；第二，改革工商税制；第三，逐步实行复式预算。

分税制改革的一条重要原则，是保留原体制的“利益”，通过“增量”的重新分配再逐步调整，减少改革的阻力。分税制改革，要兼顾中央和地方两个积极性，既确保增加中央财力，又不损害地方利益，这是中央与地方“共赢”方案的设计目标。

设计增值税之所以是此次改革的关键内容，有三个理由。第一，增值税是税制改革后最大的税种，占整个税收的比重为43.7%，占流转税的75%；第二，增值税是稳定的税种，所以要拿到中央；第三，在中央与地方搞分税制之前，仅流转税就有几百个，税率十几种。

几经测算，最后确定增值税增量分成比例为75：25。以一个基期年为基点，地方税收全部返还，再给定一个系数返还。最后确定出了一个1：0.3的系数。在1：0.3系数中，中央拿增量的0.7系数，地方拿增量的0.3系数，中央拿增量大头，地方拿小头。这就是当年的模型。

分税制改革是一个渐进式的改革，在地方税收基数全部返还的基础上，1994年以后，实行的“增量共享”办法，采取中央对地方的税收返还额在1993年的基数上逐年递增的办法。递增率按各地增值税和消费税增长率的1：0.3系数确定。也就是说，增值税和消费税每增长1%，中央对地方的税收返还额增长0.3%。按照这个比例，中央在税收增量分配中总是占多数。1：0.3系数，时间越长地方拿得越少，按照公式计算，最后趋于无限小。分税制实施十年后，地方拿到的比例已经不到0.3，大概只有0.1左右了。资源税按资源品种进行划分，大部分归地方所有。

从地区公平竞争的角度看，中央与地方的“共享”比例应该全国统一。当时，中央确定的原则有两条：一是增量分配时中央要得大头；二是共享税的增长要调动两个积极性。在设计中，根据我国的实际情况，数学上很容易计算出来，在共享税中，中央可得 52.5%，地方可得 47.5%，达到了提高中央财力的要求。假定，1993 年某省增值税为 10 亿，这 10 亿不动，1993 年中央拿 10 亿，返还给地方 10 亿；到了 1994 年，这 10 亿的增长速度可能是 10%，就是说实际收到 11 亿，那么这 11 亿国税局拿走了，给地方返还多少？1993 年基数 10 亿乘上 3%（1∶0.3），增长 1，返还 0.3，因此返还给地方 10.3 亿元，中央拿走 7000 万元。这就是分税制设计的“共赢”方案：地方税收基数全部返还，中央与地方按照 75∶25 的比例分享增长增值税，按照 1∶0.3 系数返还办法激励地方增收。这三个原则自从确定之后很长时间没有变更。

中央在 1993 年 9 月与地方的谈判中，同意以 1993 年为实行分税制的基期年，并且确定了动态基数。

3. 分税制的影响

1994 年—2002 年，我国财政收入年均增长 17.5%，财政收入占 GDP 的比重由 1993 年的 12.6% 提高到 2002 年的 18.5%；中央财政收入占全国财政收入的比重为 55%，比 1993 年提高了 23 个百分点；2002 年，除税收返还和体制性补助外，中央向地方转移支付高达 4019 亿元，是 1995 年数据的 8.6 倍，年均增长 36%。

仅从上述八年的资料就可看出，分税制实行之后，中央财政重获活力。但分税制改革后，中央拿得过多，地方拿得太少，而地方政府还要负责地方一切公共服务的开支。所以 1994 年改革之后出现了各种问题，例如县乡财政困难、土地财政等。

二、取消农业税

农业税是国家对一切从事农业生产、有农业收入的单位和个人征收的一种税，俗称“公粮”。中国为传统的农业国，历史上农业税收一直是国家统治的基础，国库收入主要来自农业税收。

1. 农业税的历史贡献

中国历史上有记载的农业税收，最早为春秋时期（前 594 年）鲁国实行的“初税亩”，汉代叫“租赋”，唐朝称“租庸调”。历朝都曾对农业税制进行过改革。1949 年中华人民共和国成立后，亦未停止征收农业税。

到 2005 年废止，农业税共计实行了整整 2600 年。

1958 年 6 月 3 日，第一届全国人民代表大会常务委员会第 96 次会议，通过了《中华人民共和国农业税条例》。条例规定全国的平均税率。为常年产量的 15. 5%；各省、自治区、直辖市根据国务院规定的平均税率，结合本地实际，分别规定所属各地区的税率；各县市可以根据上级规定的平均税率，分别规定所属乡镇的税率，报请上一级政府批准后执行，但最高不得超过常年产量的 25%。20 世纪 60 年代初，发生了大规模自然灾害，国家大幅度调减了农业税。

之后我国农业生产不断发展，而农业税负担绝对额长期稳定不变，再加上国家实行了几次大的减免政策，如从 1979 年到 1983 年实行起征点减免，1985 年开始对贫困地区减免等，农业税的实际负担率是逐年下降的。1995 年，全国农业税决算年报统计的平均税率为 8. 7%。

作为国家的重要税种，农业税曾经对我国建立完整的工业体系和国民经济体系发挥了重要作用；农民作为纳税人，做出了巨大的历史性贡献。新中国成立初期，农业税占全国财政收入的 41%，1950 年，农业税占当时财政收入的 39%，可以说是财政的重要支柱。到 1979 年，这一比例降至 5. 5%。

2. 取消农业税的原因

改革开放以来，国家财政实力不断增强，财政收入稳定增长的机制已经基本形成，农业税的作用日益减弱。

2000年起，从江西开始试点，农村税费改革逐步扩大范围，到2003年已在我国全面铺开。农村税费改革的主要内容有：取消乡统筹、农村教育集资等专门向农民征收的行政事业性收费和政府性基金集资；取消屠宰税；取消统一规定的劳动义务工；调整农业税和农业特产税政策；改革村提留征收使用办法。

从2004年开始，中央决定免征除烟叶税外的农业特产税，同时进行免征农业税改革试点工作。2004年，农业税占各项税收的比例进一步降至1%。到2005年，全国农业税收入减少到15亿元，取消农业税的时机已经成熟。2005年12月，十届全国人大常委会第十九次会议决定，自2006年1月1日起废止《农业税条例》。

2006年取消农业税后，与这项改革开始前的1999年相比，全国农民减负1045亿元，人均减负120元左右。

我国的农村税制，是在城乡二元结构下设立的。这种两线并行的税制结构，再加上城乡发展水平的不平衡，给中国农民造成了沉重的税收负担。城乡收入差距加大，农村税负高于城市，2003年，城乡收入已达到3.3∶1。

怎么提高农民收入？一方面，要创造条件让他们增收，另一方面，就是要给他们减负，而农业税，是农民负担中最大的一块。作为生产者和经营者，城市工商业者把商品拿到市场上去卖才交税；而农民呢，无论实际产量多低，成本的消耗多大，都必须按定额交税。根据换算，农产品增值税的税率比工业品增值税的税率要高出5到8个百分点。城市和农村实行两套不同的税制，是中国城乡二元经济结构的典型反映之一。这不仅显失公平，更加剧了城乡居民收入差距的扩大。

因此，取消农业税，更多的是一种制度性的变化，是中央对城乡经济、社会发展不平衡政策做出的重大调整。

农业税征收成本过高也是其被取消的一个重要原因。比如，北京在废除农业税前，能收约 8000 万农业税，但征收的直接成本就有 6000 万，早就没有什么征收的价值了。

三、营改增

营改增，是营业税改征增值税的简称。

1. 两税并立的缺点

1994 年分税制改革时营业税与增值税作为当时最主要的两个税种，均属于流转税，二者分立并行。其中，营业税是对在中国境内提供应税劳务、转让无形资产或销售不动产的单位和个人，就其所取得的营业额征收的一种税，是地方政府的主体税种，税收收入基本全归地方财政；在营改增之前，营业税税收占全部税收收入的 15% 左右。而增值税是对销售货物或者提供加工、修理修配劳务以及进口货物的单位和个人，就其实现的增值额征收的一个税种；在营改增之前，增值税税收占全部税收收入的 27% 左右。

随着经济的快速发展，流转环节的两税并立造成很多问题，日益显现出其内在的不合理及缺陷。两税并立破坏了增值税的抵扣链条，影响了增值税作用的发挥。因为增值税具有“中性”的优点：可引导、鼓励企业在公平竞争中做大做强，而发挥这种中性效应的前提，便是税基宽广；两税并立还对服务业的长期发展造成了不利影响，因为营业税涉重复征税问题；税收征管亦面临着难题。比如，现实中商品与服务捆绑销售的行为日益增多，形式日益复杂，这对两税的划分提出了挑战。

2. 营改增的历程

营改增共经历四年有余方告完成。

2011 年 11 月财政部与国税总局联合制订了试点方案，但选择试点地区时，各地由于担心利益受损，纷纷以各种借口推脱。为顺利推进营改增，中央同意把原先营业税改成增值税的这部分钱，全额返还给地方财政。

由于上海的国税、地税从未分家，试点不涉及两个税务机关的纳税人资源共享难题，启动相对快捷，所以率先成为了营改增的试点。2012年1月1日起，上海率先实施了交通运输业与部分现代服务业的营改增试行。现代服务业包括：研发和技术服务、信息技术服务、文化创意服务、物流辅助服务、有形动产租赁服务、鉴证咨询服务。交通运输业包括：陆路运输、水路运输、航空运输、管道运输。有趣的是，由于当时规定非试点地区的一般纳税人向上海的一般纳税人购买服务，所取得的专用发票可以抵税，试点后半年，就产生了上海税收大增、相邻省份税收大减的“税收洼地”效应。这样，各省均坐不住了，纷纷打报告申请试点，营改增的积极性空前高涨。8月1日后，经国税总局选择，允许北京、广东、天津、浙江、安徽、江苏、湖北、福建共计八个省市在当年参与试点。

2013年8月1日起，全国推行上述“6+1”营改增试点，同时，试点行业范围增加了广播影视服务业；2014年1月1日起，铁路运输业和邮政业纳入试点范围；2014年6月1日起，电信业加入，至此，全国已经形成了“7+3”的营改增方案。

2016年4月30日，国务院发布了《全面推开营改增试点后调整中央与地方增值税收入划分过渡方案》。该方案明确，以2014年为基数，核定中央返还和地方上缴基数，所有行业、企业缴纳的增值税均纳入中央和地方共享范围，其中，中央分享增值税的50%，而地方，按税收缴纳地分享增值税的50%，并且，将过渡期暂定为2—3年。

2016年5月1日起，营改增试点范围扩大到建筑业、房地产业、金融业和生活服务业。至此，营改增全面推开，增值税实现了对货物和服务行业的全覆盖，营业税顺理成章地退出了历史舞台。

3. 营改增效应

作为结构性减税的重要措施，“营改增”产生了很多积极效应。

其一，增值税链条原先断裂的环节，现在已经纳入征收范围，增值税“环环征税，层层抵扣”的征收链完整了，慢慢地，自然会形成一个税控的良性循环；同时，上下游企业之间互相监督，可以减少偷税漏税行为，极大地提高征收率。

其二，可以减少重复征税。营改增前，一项劳务的流转过程越多，需要缴纳的营业税就越多。营改增后，由于增值税可抵扣，增值税税负基本上是低于营业税税负的，这一改革举措，降低了大部分企业的税负，总体达到了结构性减税的政策目标。

其三，打通了第二产业与第三产业的抵扣链条，有利于专业化分工协作，促进第三产业的快速发展。

其四，统一了货物与劳务的税制，简化了税种，简化了企业的税务管理。按中央设计，原有的四档增值税税率简并成三档，税制更加简明优化。

其五，最终会促成企业与政府的双赢局面。从 2012 年至 2015 年年底，营改增累计减税 6412 亿元，仅 2016 一年，就减少了 5000 亿元的企业税负。减税可以给经济带来新的刺激，增强经济增长的内生动力，促进经济繁荣，而长期来看，经济的繁荣必然会带来未来的税基扩大，财政增收。

营改增完成后，也留下了一些难题亟待解决。税制已呈现“一税独大”的局面，整体的税制结构对增值税这个单一税种有着严重的依赖，政府需防范其中不容忽视的可怕风险；地方政府失去了依存二十余年的主体税种，打破了以前的分税制格局，财政体制需要改革；地方政府主动权减少，中央政府需要加快地方税制体系建设，调动地方政府发展经济、关注民生的积极性。

第三节 现行税制

现行税制有税收实体法与税收程序法，但没有税收基本法。

一、程序法

税收程序法即《税收征管法》，滕祥志说过："我认为《税收征管法》比一般的民法、商法意义更大，因为一般的民法、商法只是调整私权利，而《税收征管法》主要调节国家和公民之间的关系。"我国的《税收征管法》于1993年1月1日开始正式实施，此后，在1995年和2001年进行了部分修改，目前实施的《税收征管法》是2001年4月修订通过的。

随着社会经济的快速发展，征管环境也已经发生了翻天覆地的变化。而目前，由于该法已经接近16年未有大的修订，在许多方面，不可避免地已然滞后了。2008年，国家税务总局成立该法的修改工作小组，修订工作正式启动。2013年6月7日《税收征管法修正案（征求意见稿）》由国务院法制办公室发布，向各界征求意见，此后草案几易其稿，2015年1月5日，国务院法制办再次公开征求意见。可见，其修订工作的复杂与严谨。直至本书成稿时，《税收征管法》的修订仍未完成。

目前的征管法偏向于对间接税的征收管理，欠缺税收平衡，从未涉及对个人的征税。该法的修订草案，一方面加强了对企业的税收征管，同时，对自然人的税收征管制度也建立起来了；另一方面为体现行政法平衡论的理念，进一步完善了纳税人的权利保护体系。

草案提出统一建立纳税人识别号制度。所谓纳税人识别号，指税务部门按照国家标准为纳税人编制的唯一、终身不变的数字代码标识，用以确认、区分其纳税人身份。各企业及社会组织的纳税人识别号即为税务登记号码。此事，税务局早已完成。至于自然人的纳税人识别号，完全可以与其身份证号码重合。

利用纳税人识别号，可以轻松实现税务管理的社会全覆盖。签订合同及协议、进行不动产登记、缴纳社会保险费、办理其他涉税事项如买车等大宗消费，纳税人必须提供其纳税人识别号；“给付5000元以上的，应当向税务机关提供给付的数额以及收入方的名称、纳税人识别号”。“单次给付现金达到5万元以上的，应当于5日内向税务机关提供给付的数额以及收入方的名称、纳税人识别号”。这样，以现金形式给付的“灰色收入”就会被摆在明面上；而且，有了纳税人识别号，税务机关对网上交易进行征税也将再无障碍。

草案要求规范涉税信息的提供，提出构建涉税信息交换的平台与机制；明确涉税第三方有义务与责任向税务机关提交涉税信息，明确金融机构有信息报送的义务，强调建立政府信息的共享制度。由于税务机构有更便利的查询与调查措施，其征收监管将比现在更加严格。其实，税务部门与海关、银行、质检、工商等部门早已经建立了良好的信息合作关系，可以共享个案信息。以前税务稽查局立案后，如果要求调用某人的信息，各相关部门都会积极配合，因为这是他们的法定义务。不过现在税务机关希望共享的信息样本比较大，几乎能够覆盖全部的纳税人，这就需要以法律的形式确立下来。何况，以后改革房地产税，存量房的涉税信息就需要住建部与国土部提供，与税务机关共享信息；个人所得税，要将综合与分类相结合，就需要公安部门提供户籍信息。所以建立政府信息共享制度是非常必要的。

为征纳双方的平衡计，草案中对纳税人的权利保护比现行政策力度大。草案以“逃避缴纳税款”代替“偷税”，其用词性质有所缓和；草案增加了“纳税人办理纳税申报后发现需要修正的，可以修正申报”条款，允许纳税人改正错误；以“税收利息”取代“滞纳金”，而利息标准参照市场上贷款利率的合理水平而定，罚款上限由五倍调至三倍，责罚更适度，减轻了纳税人负担；追征时效缩短，对未登记、未申报或者需立案查处的，追征时效 15 年，对欠税的追征时效为 20 年，而原来对这些情形的追征时效都是无限期的；取消缴纳税款为行政复议的前置条件；引进预约裁定制度，当纳税人遵从预约裁定，但出现未缴、少缴税款时，可免除缴纳责任。

同样遗憾的是，草案未设置税收司法制度，让征税机关独享税收解释权，而征税机关为保国库充盈，收“过头税”等侵害纳税人权利的不当行为恐怕难以断绝。

二、增值税

1. 增值税转型

美国耶鲁大学经济学教授亚当斯（T. S. Adams）是提出增值税概念的第一人，1954 年增值税施行于法国，现在有 170 多个国家、地区征收增值税。中国于 1979 年引进增值税，1980 年在襄樊等部分地区对重复征税较为突出的机器机械、农业机具两个行业征收增值税，一年后，扩展至电风扇、自行车与缝纫机这三种产品。1983 年，全国范围对上述产品征收增值税。1984 年，《中华人民共和国增值税暂行条例（草案)》发布，正式确立了增值税制度，但这一阶段仅引进了增值税的计税方法。

《增值税暂行条例》于 1993 年 12 月 13 日发布，从 1994 年 1 月 1 日起，增值税的征税范围确定为销售、进口货物，加工、修理修配劳务。我国采用“生产型增值税”，仅允许扣除外购的原材料所含的增值税，不允许抵扣外购固定资产所含的增值税。试行增值税时选择生产型增值税，主要是因为我国增值税本身是从原产品税变化而来的，而产品税的基本特性为价内税，且税率有较大差异，当时中国的经济体制改革刚从农村转向城市，为了使改革不致造成财政收入的过多下降，于是比较现实地选择采用生产型增值税。1993 年时全国出现了经济过热现象，生产型增值税有利于抑制投资。

为振兴东北老工业基地，2004 年 7 月 1 日起，东北地区先行试点扩大增值税抵扣范围，特定行业范围内，在增值税税率保持不变的情况下，开始允许抵扣新购入机器设备所含的增值税。

2008 年 11 月 5 日，《增值税暂行条例》修订，决定自 2009 年 1 月 1 日起，在全国范围内采用消费型增值税。至此，生产型增值税转型为消费型增值税。

实行“消费型”增值税，扩大了抵扣范围，减轻了纳税人的税负，有利于刺激投资，是世界上大多数国家采用的方式。

2. 现行政策

目前，增值税的税收政策主要包括：（1）按销售额大小与会计核算健全两种标准，将纳税人划分为一般纳税人和小规模纳税人。对小规模纳税人实行 3% 的简易征税办法，而一般纳税人采用凭发票计算扣税的办法，即采用以票控税的征收管理办法，应纳税额的计算要从销项税额中抵扣进项税金。（2）征税范围为生产经营中的各行各业，包括货物的生产、批发、零售与进口环节，所有的服务业，建筑业，金融业，交通运输与邮政、电信业，不动产与无形资产的销售。（3）进口环节的增值税由海关征收，全为中央财政收入；其他由国税局征收，中央与地方五五共享。

目前的税率档次很多：（1）基本税率 17%；（2）出口货物、对境外提供劳务的税率为零；（3）金融业、服务业税率为 6%（有形动产租赁的税率为 17%)；（4）无形资产销售、邮政业、交通运输业、建筑业、房地产业的税率为 11%；（5）电信业中，基础电信服务，税率为 11%（基础电信服务，是指提供语音通话服务，以及出租出售带宽、波长等网络元素的业务活动），增值电信服务，税率为 6%（增值电信服务，是指提供短信和彩信服务、电子数据和信息的传输及应用服务、卫星电视信号落地转接服务、互联网接入服务等业务活动）；（6）营改增完成时，尚有以下货物适用 13% 的税率：粮食、食用植物油，自来水、暖气、冷气、热水、煤气、石油液化气、天然气、沼气等居民用煤炭制品，图书、报纸、杂志，饲料、化肥、农药、农机、农膜，农产品（指农业初级产品），音像制品，电子出版物，二甲醚。除此之外，为了将营业税平移过来，增值税适用简易征税方法时征收率为 5%。

根据国务院 2017 年 4 月 19 日会议，自当年 7 月 1 日起，13% 税率的货物税率降到 11%，而农产品加工企业计算确认进项税时依旧按 13%。

增值税本来是中性税种，有利于体现公平税负原则。但是，税率档次过多，会极大地阻碍其中性原则的发挥。值得庆幸的是，政府已发现了问题，并且已将税率简并为三档。不过，税率高低会影响纳税人的税负率，调整税率时要考虑产业结构的平衡，降低税率会直接降低财政收入，需多方面考查财政的承压能力。因此，对简并税率怎么操作，各方意见纷呈。笔者认为，简并税率的总体设计思路应该是低税率、宽税基。蔡昌认为，我国的增值税税率应最终改革为仅设置两档，一档是普遍适用于所有货物及应税劳务的标准税率，另一档是适用于政策性需要扶持的特殊物品或服务的低税率，主要是公共品的低税率，不应再按行业去设置不同的税率。笔者建议，在增值税立法之前，先完成简并税率的工作，而且最好一步到位，以减少整个社会的管理成本。

3. 政策缺陷

（1）报价模式与实际不匹配

由于政府相关部门未做有效引导，错过了改变报价模式的最佳时机，在实践中，未能推行“不含税”报价模式。《住房城乡建设部办公厅关于做好建筑业营改增建设工程计价依据调整准备工作的通知》（建办标【2016】4号）规定，工程造价 = 税前工程造价 ×（1 + 11%）=（人工费 + 材料费 + 施工机具使用费 + 企业管理费 + 规费 + 利润）×（1 + 11%），这里的工程造价采取的便是“含税价”的报价模式。而建设工程的内部成本费用预算，采取的应该是不含税价，但对外报价时，却又加上相应的增值税额作为最终报价。

报价模式的不配比，给建筑业增值税的计算缴纳带来了困难。要解决这一困难，首先要进行“价税分离”，尔后，方可计算增值税额。蔡昌指出“价税分离计算增值税的过程必须先做除法，再做乘法，由于增值税适用17%、13%（已废除）、11%、6%、5%、3%等多档比例税率，无疑增加了计算的难度和保留的小数点位数”。而增值税是价外税，若彩用“不含税价”的报价体系，则价税分离的操作根本不须进行。

含税价的报价模式，同时增加了其他相关税种的计算难度，因为，不论契税、房产税，还是土地增值税、个人所得税，它们的计税依据，均为不含税价；而且，报价模式影响着纳税人的思维方式及行为模式，含税价的报价模式，不利于培养他们的依法纳税意识。

（2）金融业增值税制度存在缺陷

金融业是现代经济的命脉，因此，金融业的增值税制度设计，对上需要衔接货币政策与财政政策，对下需要促进实体经济的发展与结构转型。

商业银行是金融体系的中心。目前，各商业银行非常注重净利差、净息差指标，其重要原因是银行业核心业务占比较高，长期以来，银行营业收入70%以上为净利息收入。

金融业的增值税制度中，对商业银行收入的“大头”——利息收入，仍是按照毛利息征税，不允许其利息支出进行抵扣；对直接收费的金融服务，全额征收；对金融同业往来的利息收入，免征增值税；对金融商品转让，按交易收益收增值税，但不可开具增值税发票。

下游企业贷款相关服务产生的利息、费用、佣金等支出，均不得作为实体企业的进项抵扣税额，而一般持有金融商品、透支信用卡、买入返售、融资融券、贴现票据、转贷、押汇、罚息等业务，均为贷款相关服务。

上述金融业的增值税征收方式，与以前的营业税税制非常相似。但增值税税率为6%，营业税为5%，调高了1%。目前的争议焦点在于，利息支出不允许作为进项抵扣，违反了增值税环环抵扣的本质内涵。该政策的施行结果不尽如人意，银行的税负有所增加，但实体经济的融资成本却未见下降。

笔者提议，在经济下行的宏观环境下，为减轻中国银行业的整体税负，提高银行业的竞争力，应针对银行的净利息征收增值税，对出口金融服务采用零税率；必须打通银行业与上下游增值税的抵扣链条，允许银行给下游实体企业开具增值税发票，允许利息支出进行全额进项抵扣。这样可降低企业的融资成本，提高企业负债经营的积极性。

此外，为保障政策的平稳过渡，目前，增值税有很多简易征税的情形，并将原营业税的税收优惠政策平移，前后发布了四十余项优惠政策。笔者认为，这些措施，实质上很多都是有违增值税中性原则的，大部分仅宜作为过渡政策。

4. 在财政收入中的地位

被确定为流转税主体税种的1994年，增值税收入达到2308.34亿元，从此稳坐第一大税种的交椅，并且每年都有新的跨越。据财政部国库司的统计资料，2010 年，国内征收增值税 21092 亿元，同比增长 14.1%；2011 年，国内增值税 24267 亿元，同比增长 15%；2012 年，国内征收增值税 26416 亿元，同比增长 8.9%；2013 年，国内征收增值税 28803 亿元，同比增长 9%；2014 年，国内征收增值税 30850 亿元，同比增长 7.1%；2015 年，国内征收增值税 31109 亿元，同比增长 0.8%；2016 年国内征收增值税 40712 亿元，同比增长 30.9%；2017 年 1—2 月国内征收增值税 10592 亿元，同比增长 7.2%。

另据财政部国库司的统计资料，国内增值税占当年税收总收入的比重在 2008—2012 年间，分别为 22.4%、31%、29%、27%、26.2%。

三、企业所得税

企业所得税的纳税人是在我国境内实行独立经济核算的企业或者社会组织（个人独资企业与合伙企业除外）。

1. 国内外历史

企业所得税创始于英国。1798 年为筹集战争经费，英国首相 W. 皮特创设了一种名为“三部合成捐”税种，此乃所得税雏形；翌年废除并采用新的所得税，从而奠定了英国所得税的基础。此后，所得税在英国时征时停，于 1842 年被确定为永久税种。19 世纪中叶以后，世界上大多数国家相继引进了所得税制度。所得税因其适应性强、征收合理、计算方便等优点，得到普遍推行，成为各国举足轻重的重要税种。20 世纪 80 年代以来，各国为满足现代社会经济发展的需要，对所得税制度进行了改良。各国的所得税改革以降低税率、拓宽税基、简化税制、清理优惠、强化国家间税收协调为重点。

1958 年，我国实行工商税制改革时，将所得税从工商业税中分离了出来，定名为工商所得税，此乃新中国成立后，所得税成为一个独立税种的标志。1978—1982 年，对中外合资经营企业、外国企业开征企业所得税，1983—1990 年，对国营企业、集体企业、私营企业开征企业所得税，1991—2007 年，对内、外资企业所得税制整合统一，内、外企业的所得税两法并存，2007 年，内、外资企业的所得税两法合并。

2007 年 3 月 16 日，第十届全国人民代表大会第五次会议通过了《中华人民共和国企业所得税法》，并于 2008 年 1 月 1 日起实施。2007 年 12 月 6 日，国务院批准了《中华人民共和国企业所得税法实施条例》。《企业所得税法》及其实施条例的通过和公布，标志着长期以来中国内、外资企业所得税制两法并存的局面正式终结，"两法合并"的工作顺利完成。此乃我国企业所得税制改革的里程碑。

2. 现行政策

现行所得税政策主要包括：（1）基本税率 25%。另设两档优惠税率，对高新技术企业施行 15% 的税率，对小微企业及无固定经营场所或所得与其经营场所无关的非居民企业施行 20% 的税率。（2）居民企业承担全面纳税义务，非居民企业承担有限纳税义务，居民与非居民的划分以总机构的工商注册地址为标准，而不看企业的所有制性质。（3）按年计税，采取分月预交，年终汇算清缴，多退少补的方法。（4）综合税制，所得额的确定包括所有的生产经营所得与其他所得，没有划分项目。（5）所得税的确定分别有查账征税、核定征税、定期定额征税等方式，并且，方式一经确定，三年内不做改变。（6）尊崇税不重征的原则，取得的国内分红不确认为计税收入；居民企业，从境外取得的现金分红若在境外已交税，汇总交税时境外已交的税款可限额抵免。（7）当年发生的亏损，可在以后 5 年计算所得额时弥补。

现在，企业所得税的优惠政策侧重于行业优惠及环保扶持。

（1）对从事农业的减免扶持。企业从事花卉与茶叶、其他饮料作物、香料作物的种植，从事海水或淡水的养殖，减半征税。企业从事以下农业项目的所得免税，这些项目包括：种植蔬菜、谷物、薯类、油料、豆类、棉花、麻类、糖料、水果、坚果；选育农作物新品种；种植中药材；培育及种植林木；饲养牲畜与家禽；采集林产品；从事农林牧渔的服务业，包括灌溉、农产品的初加工、兽医、农技推广、农机作业和维修；远洋捕捞等。国家对农业的扶持，可见一斑。

（2）从事国家重点扶持的公共基础设施项目，从事环境保护或节能节水项目，自项目取得第一笔生产经营收入的年度起，前 3 年免税，此后 3 年减半征税，即俗称的“三免三减半”。

（3）创业投资企业，采取股权投资方式投资于未上市的中小高新技术企业 2 年以上的，其投资款的 70% 可在股权持有满 2 年的当年（即第 3 年）抵扣其应纳税所得额；当年不足抵扣的，以后结转抵扣。

（4）两项费用加计扣除的优惠：研究开发费，若计入当期损益，在据实扣除的基础上，再按其费用的 50% 加计扣除；若形成无形资产，则按照无形资产成本的 150% 进行摊销。安置残疾人员所支付的工资，在据实扣除的基础上，再按支付给残疾职工工资的 100% 加计扣除。

（5）以《资源综合利用企业所得税优惠目录》规定的资源作为主要原材料，生产产品所取得的收入，按 90% 计入收入总额；国债利息收入、财政补贴免税。

（6）购买并使用环境保护、节能节水、安全生产等专用设备的，设备款的 10% 抵免当年的应纳税额；当年不足抵免的，以后 5 年内结转抵免。

（7）技术转让所得，500 万以内的免税，超过 500 万的部分减半征税。可见，国家对环保的扶持力度也很大。

根据国务院 2017 年 4 月 19 日常务会议，企业所得税优惠政策进一步扩大。对中小高新技术企业研发费用的加计扣除比例，从 50% 提高到 75%；小微企业的企业所得税税率 20% 保持不变，但是，对小微企业的认定范围扩大，所得额上限从30万提高到50万，计税依据为所得额的一半，小微企业的税负减小了；对创业投资企业的税收优惠扩大到个人投资者；将2016年年底到期的优惠政策延长至2019年年底。这些政策已在2017年度落实。

不过，由于所得税制度在计算所得额确认费用时，以合理性为原则，而会计遵循实质重于形式的会计准则，因此产生诸多不认可、限额认可费用的情况。

《企业所得税法》第十条规定，在计算应纳税所得额时，下列支出不得扣除：（1）向投资者支付的股息、红利等权益性投资收益款项；（2）增值税、企业所得税税款；（3）税收滞纳金；（4）罚金、罚款和被没收财物的损失；（5）赞助支出；（6）未经核定的准备金支出；（7）与取得收入无关的其他支出，如担保、上交的管理费。

3. 值得关注的费用扣除政策

关于企业向投资者支付的股息、红利等权益性投资收益款项能否作为企业所得税的税前项目扣除，理论界一直存在争论，其核心问题在于，如何避免对股息、红利等收益双重征税。有人认为，对企业的股息、红利等支出不得在企业所得税前扣除，应征收企业所得税，而投资者对于该项所得免税；也有人认为，对股息、红利等支出允许在企业所得税前扣除，但对投资者的股息、红利所得征收企业所得税或个人所得税。笔者认为，从性质来看，将企业的股息、红利支出作为不得扣除的项目，更加符合立法精神。而且操作简便，便于征管，可以有效避免企业钻空子行为。如果允许该项股息、红利等权益性投资收益款项扣除，企业应当在汇算清缴期满前召开股东大会并做出决定，明确本年度利润中对投资者分配的数额；税务机关征收时需准确掌握企业中投资者的投资额及其分配情况。此种方法计算复杂，税收的征管成本高、效率低；在极端情况下，甚至会出现企业与投资人恶意串通，将应纳税所得额作为股息红利发放，侵蚀税基的行为。

税收滞纳金是指税务机关基于纳税人未在规定期限内缴纳税款的事实，而从滞纳税款之日起，按日加收应纳税款一定比例的附带征收款项。税收滞纳金包括所有税种的滞纳金。《税收征收管理法》第32条规定，纳税人、扣缴义务人未按照规定的期限缴纳或解缴税款的，税务机关除责令限期缴纳外，从滞纳之日起，按日加收税款万分之五的滞纳金。滞纳金征收比例高于银行的贷款利率，带有行政执法的性质，是税法社会道德谴责功能的体现。如果允许税收滞纳金税前扣除，就会造成由国家为企业的部分违法成本买单，间接鼓励企业拖延缴税的后果。罚金、罚款和被没收财物的损失，均属于对纳税人违法行为的处罚，不允许税前扣除，其道理相同，符合税法的价值导向与基本原则。

准备金是指企业为将来可能发生的事项，而提前准备应对的费用；每一种准备金都分别规定有特定的用途、内容。按会计准则，企业可以提取的准备金包括坏账准备金、存货跌价准备金、短期投资跌价准备金、长期投资减值准备金、风险准备基金等共计八个项目。允许企业提取准备金，其本质是允许企业的部分所得可以延期纳税。为了防止企业通过提取准备金而延迟纳税，这些准备金必须经过税务机关的核准才能予以扣除。

至于捐赠支出，税法将之划分为两种，即非公益捐赠支出与公益捐赠支出。公益捐赠，指企业通过非营利的社会团体、国家机关向教育、民政等公益事业和遭受自然灾害地区、贫困地区的捐赠行为；不符合上述条件的则为非公益捐赠，比如企业的直接捐赠行为。企业的非公益捐赠支出不得税前扣除。

至于公益捐赠，2007年版本的所得税制规定，其支出额在会计利润的12%以内的，允许税前扣除；但超过会计利润的12%时，按会计利润12%的限额扣除，其超额部分不允许税前扣除。

2017版本的所得税制对公益捐赠的扣除政策做了修订。2017年的所得税法规定，公益捐赠支出额在会计利润的 12% 以内的，允许税前扣除；超过会计利润的 12% 时，当年按会计利润 12% 的限额扣除，其超额部分可在以后的三年内结转抵扣。结转抵扣的政策出台，可能会造成当年允许税前扣除的公益捐赠额大于当年实际发生金额的现象，即调减应纳税所得额。概括而言，2017 年以后，由于公益捐赠支出可以税前扣除，在不同年度，企业对应纳税所得额的处理，可能会出现不调整、调增、调减这三种完全不同的状态。

有扣除限额的费用包括：（1）按工资总额标准提取的职工福利费（限额比例 14%）、工会经费（限额比例 2%）、职工教育经费（限额比例 2.5%）。（2）广告费（营业收入的 15%），超额可结转抵扣。（3）交际应酬费（发生额的 60%、营业收入的 0.5%）。（4）超出商业银行贷款利率的借款利息费用。

4. 对财政收入的贡献

企业所得税的税收收入与当年整体经济环境密切相关，总体而言，处于稳步上涨态势。

据财政部国库司的资料统计，2008 年，我国企业所得税累计收入 11173.05 亿元，占税收总收入的比重为 20.61%；2009 年，企业所得税实现收入 11534.45 亿元，占税收总收入的比重为 19.4%；2010 年，企业所得税实现收入 12842.79 亿元，占税收总收入的比重为 17.5%；2011 年，企业所得税实现收入 16760.35 亿元，占税收总收入的比重为 18.7%；2012 年，企业所得税实现收入 19653.56 亿元，占税收总收入的比重为 19.5%；2013，企业所得税实现收入 22416 亿元，同比增长 14%；2014 年，企业所得税 24632 亿元，同比增长 9.8%；2015 年，企业所得税 27125 亿元，同比增长 10.1%；2016 年，企业所得税 28850 亿元，同比增长 6.3%；受企业盈利状况改善的影响，2017 年的 1—2 月，共计征收企业所得税 6503 亿，同比增长 17.9%。

四、消费税

消费税（Excise Tax），是一种古老的税种，其雏形产生于古罗马帝国时期，当时，罗马相继开征了诸如盐税、酒税等产品税，这就是消费税的原形。近年来，为建立一个既有利于环境、生态保护，同时又能促进经济发展的绿色税收法律制度，各国纷纷开征或调整消费税。目前，已有120多个国家、地区征收消费税。消费税发展至今，已成为世界各国普遍征收的税种。

1. 中国消费税的特点

作为流转税的主体税种，消费税与增值税，均可以在保证国家财政收入的稳定增长方面发挥很大的作用。而且，与增值税中性税种的特点不同的是，消费税在选择课税对象时主要基于两种精神：一是“寓禁于征”，如对实木地板这类对环境有较大负面影响（如污染），或者技术落后、浪费资源等商品的课征；二是“向富人征税”，如对游艇等一些奢侈品、高档消费品的课征。因此，消费税体现了一个国家的产业政策和消费政策，可以调节产业结构与消费结构，限制某些奢侈品、高能耗品的生产，正确引导生产消费，促进资源的合理配置。

早在1951年，政务院就根据国家公布和实行的《全国税政实施要则》的规定，颁布了《特种消费行为税暂行条例》，开始征收特种消费行为税，后来由于种种原因，此税被取消。1989年对彩色电视机、小轿车开征特种消费税。但在此期间，消费税还未形成正式常设的税种。直到1994年，国务院颁布并实施《中华人民共和国消费税暂行条例》等规范性文件，消费税才开始以独立的税种存在。

时至今日，消费税一直是中央税，在财政收入中，是仅次于增值税的第二大税源。消费税有以下特点：以特定产品为征税对象；按不同的产品设计不同的税率，同一产品的税率相同；消费税是价内税，是价格的组成部分；采取从价定率、从量定额、从价从量复合计征共计三种不同的方法征税；征收环节单一；消费税的税收负担具有转嫁性，最终都转嫁到消费者身上。

2. 政策调整

按1994年的条例，规定对11种产品在生产与进口环节征税，这些产品包括烟，酒及酒精，鞭炮、焰火，护肤护发品，化妆品，汽油，柴油，贵重首饰及珠宝玉石，汽车轮胎，摩托车，小汽车。1994年当年，征收消费税516亿。

此后十年，在经济快速增长的过程中，我国居民的收入水平随之提高，消费税收入增长较快，到2005年，消费税收入1634亿元（占当年税收总额的比重为5.5%左右），短短十二年，增长幅度高达314%。

2005年，我国人均GDP达到1200多美元，已经初步进入了消费升级的临界点，并面临着进一步提高消费水平、改善消费结构的新机遇。2006年，为促进环境保护、节约使用资源、合理引导消费，国家开始对消费税条例进行修订调整。此次消费税的政策调整包括消费税的税目、税率及相关政策的调整。

具体而言，2006年消费税政策调整的主要内容是：消费税税目由11个增加到14个；新增高尔夫球及球具、高档手表、游艇、木制一次性筷子、实木地板等税目；增设成品油税目，将原汽油、柴油税目作为该税目的两个子目，同时新增石脑油、溶剂油、润滑油、燃烧油、航空煤油五个子目；取消“护肤护发品”税目；调整部分税目税率，具体包括小汽车、摩托车、酒及酒精、汽车轮胎几个税目。与1994年的规定相比，2006年的调整幅度很大，除2个税目（烟、鞭炮焰火）没有做调整，其余税目都不同程度地有些变化。

2009年，政府对卷烟生产环节的税费进行了调整，从量税不变，继续按每5万支卷烟计征150元的定额税，而从价税的调整力度很大，调整了计税价格（将每条烟调拨价为50元的档次分界提高到70元）并提高了税率（原45%的提高到56%，原30%的提高到36%），同时又对卷烟的批发环节加征一道从价税，税率为5%。同样，在2009年，对成品油进行了税费改革。自当年的1月1日起，取消公路养路费、公路客货运附加费、公路运输管理费、水路运输管理费、水运客货运附加费、航道养护费等共计六项收费，相应提高各类成品油的消费税税率。受两项改革的叠加影响，2009年国内消费税同比增长85.3%（剔除成品油税费改革和卷烟消费税政策调整的增收因素后增长7%左右）。

2015年2月1日，电池、涂料加入消费税税目，税率4%；2015年5月10日，对卷烟批发环节的消费税作出调整，按0.005元/支加征一笔从量税，并将从价税的税率提高至11%。

3. 现行政策

据会计网的整理，2016年消费税税目税率如表1-2所示。

表1-2 2016年消费税税目税率表

税目	税率
一、烟	
1. 卷烟	
（1）甲类卷烟，调拨价70元（不含增值税）/条以上（含70元）	56%加0.003元/支（生产环节）
（2）乙类卷烟，调拨价70元（不含增值税）/条以下	36%加0.003元/支（生产环节）
（3）商业批发	11%（批发环节）
2. 雪茄烟	36%（生产环节）
3. 烟丝	30%（生产环节）

续表

税目	税率
二、酒及酒精	
1. 白酒	20%加0.5元/500克（或者500毫升）
2. 黄酒	240元/吨
3. 啤酒	
（1）甲类啤酒	250元/吨
（2）乙类啤酒	220元/吨
4. 其他酒	10%
5. 酒精	5%
三、化妆品	30%
四、贵重首饰及珠宝玉石	
1. 金银首饰、铂金首饰和钻石及钻石饰品	5%（零售环节）
2. 其他贵重首饰和珠宝玉石	10%
五、鞭炮、焰火	15%
六、成品油	
1. 汽油	
（1）含铅汽油	1.52元/升
（2）无铅汽油	1.52元/升
2. 柴油	1.20元/升
3. 航空煤油	1.20元/升
4. 石脑油	1.52元/升
5. 溶剂油	1.52元/升
6. 润滑油	1.52元/升
7. 燃料油	1.20元/升

续表

税目	税率
七、摩托车	
1. 气缸容量（排气量，下同）在250毫升（含250毫升）以下的	3%
2. 气缸容量在250毫升以上的	10%
八、小汽车	
1. 乘用车	
(1) 气缸容量（排气量，下同）在1.0升（含1.0升）以下的	1%
(2) 气缸容量在1.0升以上至1.5升（含1.5升）的	3%
(3) 气缸容量在1.5升以上至2.0升（含2.0升）的	5%
(4) 气缸容量在2.0升以上至2.5升（含2.5升）的	9%
(5) 气缸容量在2.5升以上至3.0升（含3.0升）的	12%
(6) 气缸容量在3.0升以上至4.0升（含4.0升）的	25%
(7) 气缸容量在4.0升以上的	40%
2. 中轻型商用客车	5%
九、高尔夫球及球具	10%
十、高档手表	20%
十一、游艇	10%
十二、木制一次性筷子	5%
十三、实木地板	5%

续表

税目	税率
十四、铅蓄电池	4%（2016 年 1 月 1 日起实施）
无汞原电池、金属氢化物镍蓄电池、锂原电池、锂离子蓄电池、太阳能电池、燃料电池和全钒液流电池	免征
十五、涂料	4%
施工状态下挥发性有机物（Volatile Organic Compounds，VOC）含量低于 420 克/升（含）	免征

来源：国家税务总局。

4. 消费税的贡献

以烟草为例，可看出消费税对消费结构的影响。

如表 1－2 所示，根据财政部公布的 2016 年烟草税税率表，在生产环节，甲类卷烟的税率为 56% 加 0.003 元/支；乙类卷烟的税率为 36% 加 0.003 元/支；批发环节，卷烟的税率为 11% 加 0.005 元/支；雪茄生产环节税率为 36%，烟丝税率为 30%。甲类香烟为每条调拨价格在 70 元以上的征税；乙类香烟为每条调拨价格在 70 元以下的征税。影响烟草产品短期消费的最主要因素是烟草价格，而税率提高后烟价被抬高。因此，在世界各国控烟的方式中，提高税率都是最有效的方法之一。

自 2003 年我国正式加入全球烟草控制框架公约之后，世界卫生组织便督促我国加大利用税收手段控制吸烟的力度。据世界卫生组织的调查数据，烟草价格提高会使得烟草消费降低。烟草消费税每提高 10%，在发达国家中烟草消费会减少 4%，在发展中国家中则会减少 8%。国内多位财税及控烟专家曾联合发布《中国的烟草税收及潜在的经济影响》研究报告，该报告显示，我国若每包卷烟增加从量税 1 元，则政府财政收入将增加 649 亿元，同时将挽救 340 万人的生命，减少医疗费用

26.8亿元，并创造99.2亿元的生产力收益。以2014年为例，我国税收收入11.9万亿元，同比增长7.8%；国内消费税8907亿元，同比增长8.2%，其中，卷烟消费税4823亿元，同比增长12.5%，卷烟消费税在当年总税收中的占比达到4%。

但消费税的税收收入增长并不稳定。据财政部国库司统计，2010年，征收国内消费税6072亿元，同比增长27.5%；2011年，征收国内消费税6936亿元，同比增长14.2%；2012年征收国内消费税7872亿元，同比增长13.5%，其中，卷烟消费税3949亿元，增长17.8%，成品油消费税2811亿元，增长9.9%；2013年征收国内消费税8230亿元，同比增长4.5%；2015年，征收国内消费税10542亿元，同比增长18.4%，此乃提高成品油、卷烟消费税的增收效应体现。2016年，受卷烟与成品油产销量下滑的影响，征收国内消费税10217亿元，同比下降3.1%，消费税出现多年来的首次下滑。2017年1—2月，征收国内消费税2267亿元，同比下降0.3%。

随着增值税税率的简并，消费税的影响也在逐步扩大。

第四节　新旧个人所得税政策

个人所得税是面对自然人、个人独资企业与合伙企业征收的一种税，以前由地税局征收，央地按60%：40%的比例分享，现在由税务局统一征收。

个人所得税1799年诞生于英国，其立法初衷和主要功能是“劫富济贫”。个税在200多年间发展迅速，目前，世界各国已经普遍开征。

一、历史贡献

我国1981年引进个人所得税，800元为个税的费用扣除标准，对工资薪金适用超额累进税率。当时的国民收入偏低，普遍未达到800元，所以个税征收主要针对外籍人士，当年的个税收入全国只有500万元；1986年9月，国务院规定对本国公民征收个人收入调节税，费用扣除标准为400元，由此产生内外双轨的标准。

1994年，重新统一了内外个人所得税制度，采用分项计税制度，共设有11个计税项目，并确立800元为个税的费用扣除标准；2005年8月，2008年3月，2011年6月，个人所得税法先后经历三次改革，其着力点均为工资薪金，其费用扣除标准分别为1600、2000、3500（外籍人士为4800），将税率从9级超额累进缩减至7级，但上述三次改革，均未触及个税的根本制度。随着经济的发展、财政收入的提高，个人所得税占总税收的比例有时会下滑，2002年占7.12%（历年最高），十年后的2012年占5.8%，2015年我国个税总额为8616亿元，占当年税收的比重为6.3%。

但2012年之后的数年间，全国居民人均可支配收入每年上涨8%，实际上，人们的平均工资一直在涨，其速度每年都超过了GDP的增速，但个税的费用扣除标准一直未变，造成个税收入持续走高，2016年全国的个税收入为10089亿元，首次突破万亿大关，2016年个税收入占当年税收总收入的比例居然达到7.7%，比2012年的比重还要高。2017年1至2月间，受春节较早，年终奖发放集中的影响，全国征收个税达到2833亿，同比增长40.8%。而同样是在2016年，全国一般公共预算收入仅仅增长4.5%，全国全部税收收入为130354亿元，同比仅增长4.3%，非税收收入为29198亿元，同比仅增长5%。详见图1－1。

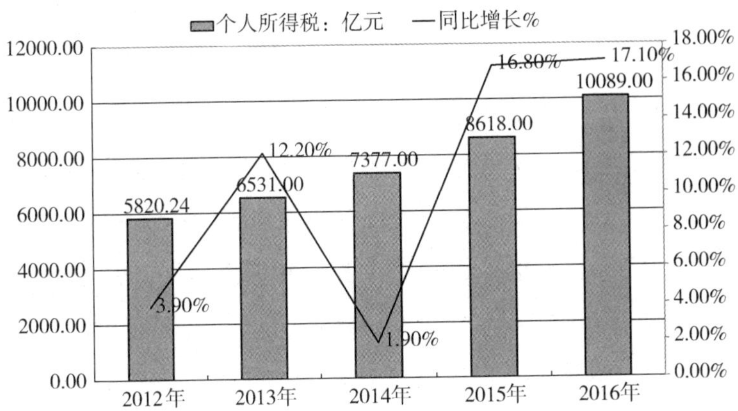

图 1－1 2012—2016 年我国个人所得税征收情况走势

受居民收入分配区域性差异的影响，个税收入地区之间的分布存在很大的差异，呈现出征收的个税收入在区域上不断集中的态势。以 2016 年为例，北上深广四个一线城市的个税收入之和占全国的比重达到四成，其中，北京与上海的个税超过千亿元大关。详见图 1－2。

二、2011 年至 2018 年 9 月的个税制度

1. 工薪税

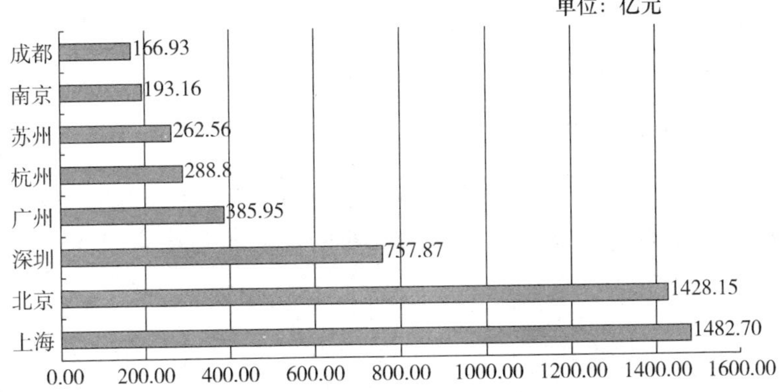

图 1－2 2016 年主要城市个人所得税收入情况

这是目前影响人群最多的一个税项。按月计征，应纳税所得额 × 税率 = 个税。含税的应纳税所得额 = 收入 - 社保（五险一金） - 3500（外籍人扣 4800），含税级距适用于由纳税人负担税款的工资、薪金所得；而不含税级距适用于由他人（单位）代付税款的工资、薪金所得。由于按月计税，不同月份，会因收入差异承担不同的税负。

每年的年终奖，可单独算一次个税。年终奖/12 = 每月收入，查税率表，找到其对应的税率；年终奖 × 税率 - 速算扣除数；若当月工资不到 3500，公式中须补差。由于速算扣除数仅扣一次，年终奖的个税有时会有全额累进的现象。

例如，年终奖为 18000 元时，应交个税 18000 × 3% = 540 元；年终奖为 18001 元时，应交个税 18001 × 10% - 105 = 1695.1 元，税款翻倍，个人自留的反而减少；年终奖为 19283.33 元时，应交个税 19283.33 × 10% - 105 = 1823.33 元，个人自留的金额又与发 18000 元年终奖时自留的金额相同。

实践中，曾经有人整理出了 6 个年终奖的“避税区”，其临界点分别为：18001 ~ 19283.33 元；54001 ~ 60187.50 元；108001 ~ 114600 元；420001 ~ 447500 元；660001 ~ 706538.46 元；960001 ~ 1120000 元。

个税改革自 2019 年 1 月 1 日正式实施。2018 年 10 月开始纳税人的工资、薪金所得，先行以每月收入额减除费用五千元后的余额为应纳税所得额，依照新的税率表（综合所得适用）按月换算后计算缴纳税款。按新政策，所谓年终奖的“避税区”将不复存在。

2011 年至 2018 年 9 月工薪所得面对的税率详见表 1 - 3。

表 1－3　个人所得税税率表

级数	应纳税所得额（含税）	应纳税所得额（不含税）	税率（%）	速算扣除数
1	0～1500	0～1455	3	0
2	1500～4500	1455～4155	10	105
3	4500～9000	4155～7755	20	555
4	9000～35000	7755～27255	25	1005
5	35000～55000	27255～41255	30	2755
6	55000～80000	41255～57505	35	5505
7	超过 80000	超过 57505	45	13505

2. 生产经营的个税

按年计征，包括个体工商户的生产经营、个人独资企业与合伙企业、承包承租经营三个税项，税率采用五级超额累进式（详见表 1－4），单个自然人的同一税项所得须合并计税，同一企业有多个自然人的须先分后税。所得额的确定有查账或核定两种方法，该方法选定后在三年内不做改变。

表 1－4　2011 年至 2018 年 9 月生产经营所得面对的个人所得税税率表

级数	含税级距（元）	不含税级距（元）	税率（%）	速算扣除数
1	不超过 15000	不超过 14250	5	0
2	15000～30000	14250～27750	10	750
3	30000～60000	27750～51750	20	3750
4	60000～100000	51750～79750	30	9750
5	超过 100000	超过 79750	35	14750

说明：本表含税级距指每一纳税年度的收入总额，减除成本、费用以及损失的余额；含税级距适用于个体工商户的生产、经营所得和对企事业单位的承包经营、承租经营所得；不含税级距适用于由他人（单位）代付税款的承包经营、承租经营所得。

假定有甲乙两人以 7∶3 的比例共同经营一合伙企业，该企业年所得 10 万，按旧政策计算，则甲的税负为 70000 × 30% － 9750 = 11250 元，乙的税负为 30000 × 10% － 750 = 2250 元。若按新版税法计算，则甲、乙税款均有所减少。

3. 按次征税的情况

劳务报酬所得按 20%（所得额 2 万以内）、30%（所得额 2 万 ~ 5 万）、40%（所得额超过 5 万）三档超额累进，稿酬所得按 14% 的比例收税，财产转让、财产租赁、特许权使用费所得、利息股息红利、偶然所得等均按 20% 的税率。

财产转让以收入扣实际费用（含买价及增值税以外的税费）确定所得额；利息股息红利、偶然所得直接以收入确定所得额；其余的税项，以 4000 元的收入为界，4000 元以内的，扣除 800 元的固定费用，借以确定所得额，收入超过 4000 元的，按 20% 的固定比例扣除费用，借以确定所得额。

二、个税改革的必要性

中国个税旧的税制模式与世界上六十多个国家的类同。工薪阶层的个人所得税，由单位代扣代缴，其征管比较完善，而其他收入的征缴则漏洞很大。据统计，年收入在 12 万元以上的纳税人，其纳税额占个税总额的比重仅为 35%，中国接近七成的个税来自中产。

党的十八届三中全会提出“保护合法收入，调节过高收入，清理规范隐性收入，取缔非法收入，增加低收入者收入，扩大中等收入者比重，努力缩小城乡、区域、行业收入分配差距，逐步形成橄榄形分配格局”的收入分配改革目标，个税改革势在必行。

中央政府决定，中国的个税要推行“综合和分类相结合”的模式，该模式，也是目前国际上的主流模式。

个税的综合制改革，其实就是合并一些税项，把原来的11类税项进行合并压缩。笔者认为，工资薪金、劳务报酬、稿酬本质上均为劳动取酬，可以三合一；财产租赁、财产转让、特许权使用费所得、利息股息红利均为财产性收入，可以四合一；个体工商户的生产经营、个人独资企业与合伙企业、承包承租经营所得均为经营性收入，可以三合一；偶然所得可单独为一项，该税项未来可追加受赠、继承等内容。合并后，个人所得税的征税项目可以从11项压缩至四项。

在综合和分类结合的方向下，将实行“基本扣除+专项扣除”机制。其中，基本扣除主要是薪金类的，将继续保留一定的费用扣除额。其实，在税收制度较成熟的国家、地区，个人所得税的费用扣除标准会进行指数化、动态化的调整，挂钩CPI涨幅等经济指标。此种方法，我们不妨借鉴。

费用扣除的重点是增加专项扣除，而哪些可作专项扣除，值得商榷。专项扣除需要进一步细化，若要实现专项扣除的合理与精准，需要建立一个完整的个人收入、财产信息系统。笔者认为，待税收征管法修订并实施后，个人所得税法才可正式增加专项扣除，而且具体项目宜在实施细则中规定，以便国税总局根据情况变化，及时地进行调整。

其实，专项扣除已经在一些行业展开试点，其中保险费用的抵扣试点已经实施。2015年11月起，在31个城市，纳税人购买的商业健康保险，可从应纳税总额中扣除（一年的抵扣限额为2400元）。2017年4月19日，国务院会议决定，自当年7月1日起，该政策推广至全国。

笔者认为，虽然大家呼声很高，但须等到房地产税出台，“房子是用来住的”这一观念深入人心，专项扣除方可加上住房贷款利息，而且只限家庭首套、普通商品房的贷款利息。否则，在政策效应下，很容易再次出现炒房潮，这可不是大家乐见的现象。至于赡养费的专项扣除，笔者认为亦不好操作。我们以个人为单位交税，若赡养费作专项扣除，须采用以家庭为纳税申报单位的综合计税，其征缴成本相对较高。

三、新政策及其效应

2018年8月31日下午，十三届全国人大常委会第五次会议表决通过《关于修改个人所得税法的决定》，备受关注的新个税法出台。

新个税法首次引入综合征税，将原先分别计税的工资、薪金所得，劳务报酬所得，稿酬所得和特许权使用费所得进行综合征税，适用统一的超额累进税率。劳务报酬所得、稿酬所得、特许权使用费所得以收入减除20%的费用后的余额为收入额，其中稿酬所得的收入额按减70%计算。

新个税法将属于财产性所得的特许权使用费所得，与工资薪金所得、劳务报酬所得、稿酬所得这三种劳动性所得，合并成了综合所得。相比分类征税，综合征税更显公平，因为这几项收入适用统一的税率和政策。目前，国际上个税制度的主流模式是综合税制，此次个税法引入综合征税，迈出了我国从分类税制向综合税制转变的第一步，未来，随着征管条件的日益成熟，综合征税范围或将继续扩大。

此次调整中，由于扩大了3%、10%、20%三档低税率的级距，缩小了25%税率的级距（详见表1－5），因此，中低收入人群的减税获益感会更明显。

表1－5　新的综合所得与旧的工资薪金税率对比

级数	含税级距（老）	含税级距（新）	税率（%）
1	不超过1500元	不超过3000元	3
2	1500～4500元	3000～12000元	10
3	4500～9000元	12000～25000元	20
4	9000～35000元	25000～35000元	25

续表

级数	含税级距（老）	含税级距（新）	税率（%）
5	35000～55000 元	35000～55000 元	30
6	55000～80000 元	55000～80000 元	35
7	超过 80000 元	超过 80000 元	45

在新个税法普惠百姓的情况下，谁最得益呢？通过计算，在不考虑专项附加扣除的情况下，月应税收入在 17000 元左右的人群减税最多。对应税收入为 17000 元的人而言，旧税制下，每个月需缴纳 2370 元的个税，实施新税制后，每个月仅需缴纳 990 元的个税，一前一后，相差 1380 元，全年相差 16560 元。

个税改革，首次引入子女教育、继续教育、大病医疗、住房贷款利息、住房租金、赡养老人等专项附加扣除。这是一项明显的减税举措，而且充分考虑了个人负担的差异性，更符合个人所得税基本原理，有利于税制公平，减轻纳税人负担。

表 1－6 列示了新个税法实施后，工薪一族获得的实惠。

表 1－6　新个税法实施后少交税款　　单位：元

月收入	年收入	以前月缴税	现在月缴税	每月省税	每年省税
1080～3500	12799～42000	0	0	0	0
4000	48000	15	0	15	180
4500	54000	30	0	30	360
5000	60000	45	0	45	540
5500	66000	95	15	80	960
6000	72000	145	30	115	1380
6500	78000	195	45	150	1800

续表

月收入	年收入	以前月缴税	现在月缴税	每月省税	每年省税
7000	84000	245	60	185	2220
7500	90000	295	75	220	2640
8000	96000	345	90	255	3060
8500	102000	445	140	305	3660
9000	108000	545	190	355	4260
9500	114000	645	240	405	4860
10000	120000	745	290	455	5460
20000	240000	3120	1590	1530	18360
30000	360000	5620	3590	2030	24360
40000	480000	8195	6090	2105	25260
50000	600000	11195	9090	2105	25260
60000	720000	14270	12090	2180	26160
70000	840000	17770	15590	2180	26160
80000	960000	21270	19090	2180	26160
90000	1080000	25420	23090	2330	27960
100000	1200000	29920	27590	2330	27960

对生产经营所得，参照工薪所得的改革。业主的减除费用自 2018 年 10 月 1 日起按照 5000 元/月执行，2018 年前三季度的减除费用依旧按照 3500 元/月执行。2018 年取得的生产经营所得，用全年应纳税所得额分别计算应纳前三季度税额和应纳第四季度税额。其中，应纳前三季度税额按照旧的税率和前三季度实际经营月份的权重计算，应纳第四季度税额按照新的税率和第四季度实际经营月份的权重计算。

2018年10月1日起生产经营所得面对的个人所得税税率详见表1－7。

表1－7　生产经营所得面对的个人所得税税率表

级数	年所得（元）	税率（%）
1	不超过30000	5
2	30000～90000	10
3	90000～300000	20
4	300000～500000	30
5	超过500000	35

将表1－6与表1－3比较可以看出，对生产经营所得项目虽然仍采用5%—35%的超额累进税率，但税率级距发生很大变化，减税的意图非常明显。

新旧个税政策相比，对财产性所得、偶然所得的政策没变。

第五节　改革之展望

一、税收基本法的制定

随着社会、经济的发展，国家、个人和社会之间的利益关系越来越复杂，如何实现这三者之间的利益平衡，实现可持续发展，是当代法学所要解决的问题。有关税法的一些共同性问题，如税法指导思想，适用范围和基本原则，税收管辖权，税收管理权限的划分等，世界各国一般通过两种立法途径加以规定：其一，将各项税收法律、法规编纂成法典，将适用于所有税收的一般规则纳入法典的各部分中，并且通过具有法律效力的判例，经常性地对税法典进行补充，诸如美国、法国、巴西等国，就是采用的这种立法形式；其二，制定税收基本法，集中列示适用于各税收单行法的一般规则，自20世纪60年代以来，以德国、日本为代表的一些国家，采取的就是这种立法形式。

从我国目前的实际情况看，适宜制定税收基本法而非采用编纂税法典的形式。因为，税法典的编纂是以基本稳定的税制为前提的，而在经济体制特别是税制尚未基本定型之前，不可能制定统一的税法典。

建设社会主义法治国家，必然要求依法治税。税收法定是国家征税的重要原则。而依法治税的前提是有法。然而，由于我国税法体系尚不健全，特别是由于税收基本法的缺失，在税收实际工作中，经常会出现"无法可依"的现象。税法作为整个法律体系的组成部分，不可避免地会与其他法律产生联系。而在缺少税收基本法的情况下，税收单行法与其他法律的关系不够紧密，空档过大，甚至出现相互抵触的情况。由此可见，作为统领各单行税收法律、法规的母法，税收基本法的制定，将对中国税制改革的深化、税收立法的完善和税收司法的加强，有重要的推动和保障作用。

中国税收基本法应采用什么样的立法模式呢？国际上，有两种模式共存：一是"发达"式税收基本法，其体例结构比较复杂，篇幅宏大，内容具体且注重程序，所以，无须另外配套立法即可实施，具有很强的适应性和操作性，德国、日本采用的就是这种模式。二是"发展"式税收基本法。其体例结构比较简单，篇幅短小，仅有原则性内容且不太注重程序，在实施过程中需要依赖其他配套立法，操作性较差，俄罗斯、东欧各国，采用的就是这种模式。笔者认为，中国是发展中国家，在制定税收基本法上缺乏经验，上述两种立法模式均可以为我们提供借鉴，没有必要将我国需制定的税收基本法强行归于哪一类。

笔者设计了一个将中国税收基本法的大概框架，列示如下，以供参考。第一章，总则。包括的内容应有基本法的立法依据与立法目的、税收的定义、税法基本原则、税收基本制度。第二章，税收管理体制。包括的内容应有税种种类、中央与地方税收划分的原则、征管机构的分设等。第三章，税收管辖权。包括确立税收管辖权的原则，解决税收管辖权冲突的原则、途径与方法。第四章，税务主管机关。主要规定税务主管机关的地位、职权与职责、组织机构和管理体制。第五章，纳税人。包括纳税人资格的认定，纳税人的权利与义务，对纳税人的保护措施。第六章，税收征管。概略地规定税收征管的基本内容。第七章，税收监察。第八章，法律责任。第九章，附则。

二、土地增值税的存废

土地增值税在 1994 年颁布实施，规定由地税局征收，各地自行留用，中央不共享。但由于其税制设计过于复杂，各地长期未启动对该税的征缴工作，土地增值税的入库额为零。直到 2006 年，为控制房价，国税总局下发文件，要求各方地税局加强对土地增值税的征缴，并设定先按 1%（别墅项目按 2%）进行预征，等项目销售完成 85% 时再搞汇算清缴，各地税局才在当年的 12 月纷纷启动该税的征缴。此后十余年，土地增值税迅猛增长。2009 年征收土地增值税 719 亿元，2011 年便增加到 2062 亿元，2013 年征收土地增值税 3294 亿元；2014 年征收土地增值税 3914 亿元，同比增长 18.8%；2015 年征收土地增值税 3832 亿元，同比下降 2.1%；2016 年征收土地增值税 4212 亿元，同比增长 9.9%；2017 年 1—2 月，征收土地增值税 872 亿元，同比增长 25.9%。

土地增值税增长的同时，其清算艰难也一直困扰着税务机关。直至今天，仍没有统一的清算结论，针对同一个房地产项目做清算，不同的税务人员常会得出不同的结果。2016 年 5 月 1 日后，全国所有经营性的销售与服务均征收增值税，房地产、建筑业也不再征收营业税转而征收增值税，这样一来，主要向房地产企业征收的土地增值税是否废除，在房地产销售环节既征增值税又征土地增值税，是否有重复征税之嫌疑，一时议论纷纷。

刘颖把土地增值税描述为“不上不下、不尴不尬”的税种，“不上不下”体现在征税环节，既不像增值税、营业税那样，在第一环节征收，也不像所得税那样，在算出损益环节征收；“不尴不尬”是指收入占比，大部分年份，土地增值税在税收收入中排在7名以后，在全国税收收入中仅占2%~3%左右，从未达到4%。本来，土地增值税开征的初衷是调节房地产市场，但令人遗憾的是，针对房地产市场，土地增值税一直没有达到预期的调整效果，无论是调节价格还是调节供求。

不过，土地增值税虽有以上问题，但在现阶段，废除土地增值税，可能更不合适。笔者认为，征收土地增值税，实质上，是国家要收走土地自然增值的那部分价值，有点类似向中石油、中石化征收的特别收益金；因而，土地增值税，与作为流转税的增值税比较，其理论基础并不一样。因此，把房地产业的增值税税率提高，借以取消土地增值税的方法，是不公平的。何况，在税制重复问题上，土地增值税的设计存在于增值税、营业税的结构之外；土地增值税对增值额的计算，虽与企业所得税的直接计算法相类似，但又有其特殊性。再说，取消土地增值税，一年即会让政府减少3000亿~4000亿的收入，在财政收入增幅不断放缓的形势下，取消一个增长稳定的税种，是不合适的。

不过，不论对税务机关，还是企业，在税收征管成本上，土地增值税以往的征收成本和纳税成本都很高。所以在现阶段，亟待完善土地增值税。

第二章

美国税制

长期以来，美国一直奉行分权与制衡的政治机制，其政府组织，无论横向、纵向均采用这种方式。横向方面，由立法、司法、行政三套机构共同组成政府；纵向方面，设联邦、州、地方政府三个层级。美国的政治机制决定了美国可以采用彻底的分税制，没有中国的各种共享税。联邦政府、州政府均有征税的立法权，州政府可授予地方政府征税的权力。

美国的税收收入结构不断变化。第一次世界大战前，地方政府征收税款占总税款的一半以上，以 1902 年为例，地方政府、州政府、联邦政府的税收占总税款的比重各为 51%、12%、37%。第一次世界大战结束后的二十年间，州政府的税收迅猛增长，1934 年各自的比重分别为 45%、22%、33%。第二次世界大战爆发后，联邦政府便开始占主导地位。在 1942 年，上述比重变成 20%、22%、58%，而且，这种格局至今依然保持。

有鉴于此，笔者书中仅仅介绍联邦税。

现在，美国以“宽税基、低税率和少优惠”作为其税收制度的主要发展方向。联邦政府开征的现行税种包括关税、个人所得税、企业所得税、社会保障税、遗产与赠与税、消费税；州政府不能征收关税，但其他税种均有开征，销售税与资源税亦给州政府带来收入；至于地方政府，财产税为其主体税种。

第一节 联邦社会保障税

美国是世界上最早用税收的形式筹集社会保障基金的国家。1935年罗斯福政府颁布《社会保障法》，从老年险与失业险开始，1937年，联邦政府开征社会保障税（Social Security Contribution），此后，这一税种不断增加项目，发展非常快，1968年已成为第二大税种。2010年奥巴马开始推动医疗改革，采取全民医保，社会保障税收取的金额进一步增加。

美国的社会保障税政策

一、比例税率；工资作计税依据

目前，美国的社会保障税主要包含老年险、失业险、医保三个项目，征收时均采取单一比例税率。老年幸存者伤残保险（Old - Age, Survivors and Disability Insurance 简称 OASDI，俗称公共养老金）、失业险（简称 FUTA）的税率均为6.2%，医保（Hospital and Medical Benefits，简称 HI）的税率1.45%。

美国的社会保障税，征收的计税依据为员工的计税工资。对医保而言，员工的实际工资为计税工资；公共养老金、失业险，计税工资规定有限额（上限）；公共养老金、失业险的计税工资限额不一致，每年尚有指数化调整。

比如，1998年，老年幸存者伤残保险的计税工资限额68400美元，失业险的计税工资限额7000美元。若纳税人的工资不超过7000美元，则上述三个税目的计税依据相同，就是他的工资。但若纳税人工资超过

7000 美元，则计税依据各不相同。

公共养老金的计税工资限额，俗称社会保障工资基数（Social Security Wage Base）。当员工的工资低于社会保障工资基数时，公共养老金以其所得工资计算；当员工的工资高于社会保障工资基数时，公共养老金以社会保障工资基数计算。

例一　1998 年，假定某甲工资为 6500 美元，则代扣代缴的公共养老金为 403 美元（6500 ×6.2%），代扣代缴的医保为 94.25 美元（6500 ×1.45%），雇主承担某甲的失业险为 403 美元（6500 ×6.2%）。同年，假定某乙工资 60000 美元，则代扣代缴的公共养老金为 3720 美元（60000 ×6.2%），代扣代缴的医保为 870 美元（60000 ×1.45%），雇主承担某乙的失业险为 434 美元（7000 ×6.2%）。同年，假定某丙工资为 80000 美元，则代扣代缴的公共养老金为 4240.8 美元（68400 ×6.2%），代扣代缴的医保为 1160 美元（80000 ×1.45%），雇主承担某丙的失业险为 434 美元（7000 ×6.2%）。

从例一中可以看出，只有医保会随工资水涨船高；其余两项，均有限额。由此可见，与其他税种不一样的是，社会保障税有较强的累退性，对穷人而言，也是一笔重要支出。

二、失业险

失业险由雇主交，个人不承担失业险；雇主代扣代缴员工的社会保障税的同时，按 1∶1 的比例再交对应税款。

也就是说，雇主除了发工资时将雇员应交的公共养老金、医保进行代扣代缴外，另外，需给员工交失业险，同时，按代扣代缴的同等金额，雇主还需另外承担公共养老金、医保。

例二　按例一的资料，1998 年，雇主需另外承担某甲公共养老金

403 美元、医保 94.25 美元，某乙公共养老金 3720 美元、医保 870 美元，某丙公共养老金 4240.8 美元、医保 1160 美元。

三、自雇者需独自承担税金

自雇者包括个体工商业与自由职业者，他们既是雇主也是员工，所以，应交的公共养老金税率为 12.4%（6.2% ×2 = 12.4%），医保的税率 2.9%（1.49% ×2 = 2.9%），即税率为正常雇员的两倍。按其纯收入作计税依据，同样适用社会保障工资基数的政策。即纯收入低于社会保障工资基数时，以纯收入的 12.4% 缴公共养老金；纯收入高于社会保障工资基数时，以社会保障工资基数的 12.4% 缴公共养老金；以纯收入的 2.9% 缴医保税。自雇者承担的社会保障税俗称个体业主税。

其实，联邦政府征收的公共养老金税率就是 12.4%（雇主、员工各承担 6.2%），医保税率为 2.9%（雇主、雇员各承担 1.45%），由于没有雇主，自雇者只能自行承担其综合税率。

四、税率及计税工资限额每年可作动态调整

计税工资限额的变动比较频繁，如表 2－1 所示。

表 2－1　不同年度的社会保障工资基数

年份	社会保障工资基数（美元）
1937 年	3000
1993 年	3600
1994 年	60600
1995 年	61200
1996 年	62700
1997 年	65400

续表

年份	社会保障工资基数（美元）
2005 年	90000
2013 年	113700
2014 年	117000
2015 年	118500

从表 2－1 可以看出，社会保障工资基数在不断上调。因为，社会实践中工资在上涨，所以基数也应做相应调整。制定基数上限，体现了社会保障制度的本质，即主要为穷人服务。

1993 年以前，美国计算医保亦有计税限额。在 1993 年，医保的计税限额为 135000 美元，超过当年公共养老金的计税限额 57600 美元。但是，自 1994 年开始，医保的计税依据无限额，按所得工资计税。

与计税工资限额相比，税率的变动频率相对较低。

1937 年，联邦社会保障税的税率为 2%（员工、雇主各征 1%）。其后不断提高，1990 年至 2010 年保持稳定，为 15.3%，包含公共养老金 12.4%，员工与雇主各征 6.2%；医保 2.9%，员工与雇主各征 1.45%。2010 年，奥巴马提出减税法案，员工的公共养老金税率降至 4.2%，雇主的公共养老金税率保持 6.2%，即公共养老金税率共计 10.4%，医保保持 2.9% 不变。2011 及 2012 这两年，保持 2010 年的政策。2013 年员工需承担的公共养老金税率重新调整，与雇主的公共养老金税率相同，重新定为 6.2%，即公共养老金税率共计 12.4%。

为增加医疗保险覆盖率，同时，降低医疗费用，2014 年一项联邦法案《患者保护与平价医疗法案》颁布，并曾经实施数年。该法案的核心是创建由联邦政府监管的医疗保险市场，支付不起保险费的，由政府资助购买。而符合申请条件的人，若既未办理普通医疗保险，也未申请奥巴马医疗保险，则联邦政府以补税的形式进行处罚。根据规定，次年申报个人所得税时，对未申请奥巴马医疗保险的个人或家庭，将会按以上一年的收入按比例征收额外税费。最早，征年收入的1.2%，2015年涨到2%，2016年是2.5%。

从2013年开始，个人收入超过200000美元时，在2.9%以外，需另外征收0.9%的医保税。夫妇合并报税时，此门槛为250000美元；夫妇单独报税时，此门槛为125000美元。

富人多缴医保税，但享受医保时，大家均以医疗为前提。所以，这是一个共助方案。遗憾的是，《患者保护与平价医疗法案》现在已被废止。

五、联邦退休金制度

公民上缴社会保障税达标后，才获得被保障资格，才可领取社会保障制度所付款项。可见，社会保障税的受益性较为明显。所以，该税无起征点，无扣除项目。

联邦退休金制度，是美国最基本的养老保险制度。男女的退休年龄均为65岁，但纳税40个季度（即10年）才可享受全额养老金待遇。提前退休（最早62岁可退休），养老金减发（每提前一个月，减发0.56%）；推迟退休，养老金增发（每推迟一个月，增发0.25%），但70岁以后退休的，养老金不再增发（即最多可拿1.3倍的养老金）。55—62岁之间办退休，雇员的养老金由企业（即雇主）全额承担。

联邦政府所征的联邦社会保障税税金，73%用于养老，19%用于医疗，8%用于伤残，专款专用。联邦政府设社会安全（保障）总署，分设社会安全（保障）局；各州、地方政府不负责民众的养老保险。

美国除联邦退休金制度，养老保险制度还有私人年金计划、个人退休金计划，后两项由雇主、个人以自愿方式进行，政府仅以税收优惠方式予以鼓励、扶持。

六、税款抵免

为减少重复征税，若州政府开征失业税，则联邦政府的失业税有最高5.4%的抵免，仅征0.8%。

在美国，联邦政府为民众的养老托底，但公共养老金的替代率不高，而州政府及其地方政府不负责解决养老问题，若想在退休后维持相对体面的生活，在职时需提前安排，另行购买保险。这个政策让人切实感受到“养老还得靠自己”，间接迫使民众储蓄。

第二节 联邦个人所得税

美国采用与中国完全不一样的个人所得税制度。

在美国，联邦政府征收个人所得税，除了以下七个州外，其他州亦另行征收个人所得税。不征收州个人所得税的，包括阿拉斯加州、佛罗里达州、内华达州、南达科他州、得克萨斯州、华盛顿州、怀俄明州。

1862年，美国国会颁布实施个人所得税法，起征点为600美元，税率为3%～5%，因违宪，该税法在使用10年后被废止，其间共收取税金3.76亿美元，大约占其国内税收收入的20%。

1913年美国修改宪法，规定：“国会有权对任何来源的所得征税，而不需在各州之间按比例课征，也不必考虑人口普查或调查的数据。”克服宪法障碍后，1913年，联邦政府重新开征个人所得税，当年，只有1%的人达到起征点。

第二次世界大战期间，随着收入的增加，个人所得税发展成对普通大众征收的税种，1939年，联邦政府征收个人所得税10亿美元，涉及760万人；1945年，联邦政府征收个人所得税190亿美元，涉及5000万人。

1954 年、1986 年对个人所得税进行了改革。至今，个人所得税依然是联邦政府主要的收入来源。1999 年，联邦政府个人所得税征收 8795 亿美元，占比 48%；2000—2009 年，联邦政府收取的个税，每年不低于 7000 亿美元；这段时间个人所得税占联邦政府收入的比例最低的年份是 2004 年，占比 43%；2016 年，联邦政府收取的个税占其政府收入的 47%。

联邦政府对个人所得税的征收，制定了四大原则：

（1）纳税能力原则。课税考虑纳税能力，这是税收公平原则的纵向体现，具体而言，就是对富人多征税，对穷人少征税乃至不征税。联邦政府为遵守纳税能力原则，设置了起征点与超额累进税率的方案。此外，纳税人的家庭负担不同，扣除标准有异。

（2）征管便利的原则。课税考虑政府的效率，若征税成本高于征税收益，该项目不征税，通俗地讲，就是尽量减少超额负担。

（3）公平交易的原则。在这个原则下，不承认关联方之间的交易亏损。所谓关联方，指个人与其家庭成员。此时，家庭成员包括配偶、兄弟姐妹、直系的长辈与晚辈；或者，个人与其持股 50% 以上的公司，当一家公司与一家合伙企业被同一人所控制（即持股 50% 以上），它们亦为关联方。

（4）到期付税的原则。为保证税款的及时入库，采用代扣代缴及预交估计税款。代扣代缴适用于雇员的个人所得税，预交估计税款适用于自雇者的个人所得税。当然，无论是谁，年底报税时，发现交多了，都是可以申请退税的；而且，家庭负担比较重的人，甚至可能全部退还税款。同理，年底报税时，发现交少了，必须要补税；若要补的税款占应纳税款的 10% 以上，并且超过 500 美元时，要另交罚款。

纳税人的身份确定

将纳税人划分为居民纳税人与非居民纳税人，不同的身份，承担不同的纳税义务，此政策与中国相同。

所有的美国公民，持移民护照、“绿卡”的外国人，持非移民护照但符合实质性出场（Substantial Presence）标准的外国人，为居民纳税人。所谓实质性出场，与中国相同，以居住天数判断。

与中国不一样的是，美国以纳税人申报时的身份，将纳税人进一步划分为单身、已婚夫妇、户主、鳏夫或寡妇、被抚养者五种类型。不同的身份，即便收入相同，须承担的税款亦有异，充分体现税收的纵向公平原则。

例三　2017 年，某甲、某乙的收入假定完全相同，但某甲当年未婚生子，某乙继续保持单身状态。由于某甲的家庭负担比某乙重，承担税负的能力比较弱，所以，某甲的个人所得税比某乙低。

所谓单身纳税人，指未婚、离婚、法定分居、已婚被遗弃，并且没有抚养对象的纳税人。

已婚夫妇可以合并申报，亦可单独申报。

户主是指虽然单身，但有抚养对象的纳税人。确认为户主的条件比较苛刻。居民纳税人，才可以作户主；户主要承担抚养对象过半的开支；除父母外，户主与其抚养对象，一年中至少半年，要居住在一起。

鳏夫或寡妇，丧偶未再婚的纳税人，其身份可保持两年。

被抚养者（即抚养对象），指自身的收入低，主要靠纳税人抚养的人。被抚养者是纳税人的亲属，或全年住在一起的家庭成员。通常，要求被抚养者必须是美国公民，或者是美国、墨西哥、加拿大这三个国家的居民。不过，若纳税人领养的孩子为非居民，但其基本住所与纳税人的一致，孩子已经成为纳税人的家庭成员，则这个孩子亦可成为被抚养者。

个人所得税的计算

个人所得税的计算，相对比较复杂，其程序公式如下：

毛收入－不予计列项目－可扣除费用＝调整所得 （1）

调整所得－特殊扣除－宽免额＝应纳税所得额 （2）

应纳税所得额×税率＝初算税款 （3）

初算税款－税款抵免－已付税款＝应纳税款 （4）

以下分别介绍毛收入等的具体确定。

一、毛收入

毛收入也被称作毛所得（Gross Income），包括工资薪金、股利与利息收入，租金收入等，甚至包括非法收入。对此，美国国税局有定义：毛所得包括以任何形式，无论是货币、财产或是劳务实现的所得。因此，所得可以以劳务、膳食、实物股票或其他财产以及现金的形式实现。

具体而言，毛收入共有以下四种来源。

（一）劳动所得

劳动所得又称勤劳所得（Earned Income），指个人付出劳动、从事经营而得到的报酬，不论取得的是合法收入，还是非法收入。简而言之，连贩毒的收入也要征税。

（二）投资回报

投资回报又被称作非勤劳所得（Unearned Income）。比如，炒股所得，租金收入，公司分红，退休年金，等等。

（三）来自他人的所得

来自他人的所得（Transfers from Others）包括奖品与奖金，失业补偿金、社会保障收益、赡养费。

值得一提的是，并非所有奖品奖金均征税。诸如文学、科学的奖品奖金，若取得后，纳税人立即将其转交给政府或慈善机构，则该笔奖品奖金不征税。另外，一般情况下，雇主给雇员的奖金，超过400美元的部分才征税；若所有雇员拿到相同的奖金，则上述限额提高至1600美元。

需要注意的是，失业补偿金（Unemployment Compensation）要征税，但工伤补偿金（Workers Compensation）不征税。而且，为照顾低收入者，征税时，纳税人并不按实际收到的社会保障收益计税。国会采用了比较复杂的公式，让社会保障收益中，需要征税的金额远远低于实际取得的收益。

离婚后，从前妻、前夫处拿到的赡养费要征税。但是，领到的儿童抚养费，无论怎么开支，均不征税。可见，美国是“儿童的天堂”，绝非虚言。

（四）推定所得

推定所得（Imputed Income）最常见的项目有，低于市场利率的贷款，他人负担的费用，以及低价购买。

低于市场利率的贷款，其中的市场利率指联邦利率。雇员、股东向公司借款，当利率低于市场利率时，这些少付的利息，推定为收入，要征税。

当然，为征管便利，小额贷款可以忽略。雇员、股东向公司借款，不超过10000美元的，属小额贷款。针对赠与贷款，金额100000美元以下的，若其推定利息不超过当年的投资收益，而且投资收益在1000美元以下时，不征税。

当双方存在着雇佣关系或经营关系时，自己的开支由他人承担，则该笔开支推定为收入，要征税。因为，纳税人实际的花费减少了，间接实现了财富的增加。

（五）为给予经济利益，卖方将财产物资低价卖给买方，此时，买方亦间接实现了财富的增加，须征税。所谓低价，是针对公平市价而言。笔者认为，有些物资的公平市价难以确定，所以，低价购买的推定，非常容易产生纠纷，除非价格特别离谱，否则，真的不方便确定为推定所得。

二、不予计列项目

不予计列项目即免税项目，指的是虽然在毛收入中，但不交个人所得税的项目。设置不予计列项目，体现了税收的公平原则及政府的政策导向。

不予计列项目所涵盖的内容很多，可以将它们归集为四种大类目，即捐赠收入，与雇佣有关的免税收入，人力资本的回收，与投资有关的免税收入。

（一）捐赠收入

捐赠收入包括收到的遗产与赠与，人寿保险收益，奖学金。

一个人去世后，所留下的遗产，先交遗产与赠与税，剩下的才能分给继承人，所以，为防止重复征税，体现税收的公平原则，对继承人收到的遗产，就不宜征收个人所得税。同样道理，赠与财产时，赠与人要交遗产与赠与税，所以，对受赠人得到的财产，亦不宜征收个人所得税。这个政策，美国自1913年执行至今，从未改变。

在现实操作中，遗产很容易认定，而由于国会、财政部均未有定义，赠与认定则较为麻烦。

1960年，美国最高法院认为，赠与人“出于情感、尊敬、敬佩、博爱或是冲动”，不求回报地赠与财产，这才是赠与；此时，受赠人得到的财产，不交个人所得税。一旦赠与人有其他意图（即管理控制），那就不是赠与，此时，受赠人得到的财产，应视作报酬。

当双方存在着雇佣关系或经营关系时，任何方式的财产转移，均不能认定为赠与，哪怕雇佣关系、经营关系已经结束。因为，按照实质重于形式的原则，赠与人有管理控制的意图，不是真正意义上的赠与。

当然，若是亲属或家庭成员间无回报的财产转移，毫无悬念属于赠与行为，受赠人不需缴税。

至于取得的人寿保险收益，要按照年金合同，划分其中的免税与应税收入。

免税收入比率 = 合同成本/预期回报

其中，预期回报 = 合同给付款 × 预期付款次数

免税额 = 每次给付款 × 免税收入比率

应税收入 = 收益 − 免税额

在公式中，预期付款次数有两种算法。

1996 年 12 月 18 日之前，美国便已开始收取人寿保险收益，但其预期付款次数，取决于自开始付款至死亡的剩余寿命。1996 年 12 月 18 日之后，人寿保险收益则用简易方法确定其预期付款次数，具体祥见表2－2。

表 2－2 按简易方法确定的按月付款的预计次数

按简易方法确定的按月付款的预计次数	
收益开始日纳税人的年龄	付款次数
55 岁前	360
56～60 岁	310
61～65 岁	260
66～70 岁	210
71 岁以上	160

参见：外国税收制度丛书《美国税制》第 76 页，财政部税收制度国际比较课题组

例四 2017年某甲65岁，开始收取每月600美元的人寿保险金。该寿险的成本为39000美元。则免税比率 = 39000/（600 × 260）= 25%。

在某甲收到的600美元中，150美元（600 × 25%）是免税的，而450美元（600 − 150）是需征税的收入。

按笔者理解，人寿保险收益在其成本以内的部分，免税；超过成本，额外取得的收益，依然需要征税。这种政策，既鼓励人们提前安排好退休后的生活开支，同时又可以防止有人利用保险避税。

至于奖学金，若金额在其教育的直接成本内（学费、培训费、书费等），免税；若金额超过其教育的直接成本，对超额部分征税。必须强调的是，纳税人所收到的奖学金，没有附加条件才可免税。

美国的个税政策公平细致，但人性化不够。对亡者家属所收到的抚恤金进行征税，有点不近人情。在1996年8月19日前，尚且有5000美元的免征额；此后，连免征额都取消了，全额计税。

（二）与雇佣有关的免税收入

为鼓励雇主为员工提供福利待遇，与雇佣有关的免税收入，所涉条款最多。

1. 境外劳动的税收抵免

为体现公平原则，减少双重征税，对境外劳动的税收，纳税人可以自行选择以下两种处理方式。

其一，境内境外收入汇总计算出税款，同时，将境外已交的税款进行限额抵免。当美国税率较高时，按美国税率算出的金额抵税；当美国税率较低时，按实际在境外已交的税款抵税。

其二，确认计税收入时，将海外工作收入免税额作为免税收入。此时，超过免税额的境外劳动收入需要再次征税，即便已在境外交了税。

该免税额每年有所调整。2000 年时，每人免税额为 70000 美元/年，2016 年时，免税额为每人 101300 美元/年。

纳税人可以选择对自己最有利的方案；甚至，在不同年度，纳税人可以采用不同的处理方式。笔者认为，该规定比中国的政策更灵活、合理。

例五 2016 年某甲派驻中国工作。美国总公司、中国分公司各给其 80000 美元的年薪，分月平均发放。某甲有两种计税方法：(1) 先将 160000 美元按美国的规定算税，再对其在中国的已交税款进行限额扣除。(2) 将 80000 美元收入按美国的规定算税。因为收入已作扣除，至于在中国的已交税款，不需再做考虑。由于中美税率政策不同，这两种方法得出的结果不一样。某甲可以选择对自己有利的方案。

2. 雇主福利计划

二十世纪的七八十年代，雇主开始对员工提供“自助餐保险计划”(Cafeteria Plan)，并且无差别地提供给所有员工。员工所享受到的这种福利，免税。

除此之外，雇主提前预扣员工的工资，或者给员工报销的医疗费、儿童抚养费，均不计入员工的计税收入中。员工拿到这些报销款，免征个人所得税。

3. 雇主提供的附加福利

(1) 个人退休计划中雇主承担的款项。鼓励雇主为员工提前制定退休计划，解决老有所养的问题。

(2) 集体定期人寿保险。所有员工无差别享受，保额 50000 美元以下，由雇主支付的保费部分，员工免征个人所得税。若超过 50000 美元，雇主所支付的超出部分的保费，视作员工的报酬，要考虑适度征税，具体计税金额见表 2-3。笔者认为，该政策有普惠性质。

表 2-3 超过 50000 美元保额的保险费应计的毛收入

雇员年龄	每 1000 美元保费应计雇员的毛收入	
	每月	每年
30 岁以内	0.08	0.96
30~34 岁	0.09	1.08
35~39 岁	0.11	1.32
40~44 岁	0.17	2.04
45~49 岁	0.29	3.48
50~54 岁	0.48	5.76
55~59 岁	0.75	9.00
60~64 岁	1.17	14.04
65~69 岁	2.10	25.20
70 岁以上	3.76	45.12

据美国国税局提供的表格

（3）医疗与事故险。所有员工及其抚养对象无差别享受，由雇主支付的保费部分，员工免征个人所得税。这个政策依然带有普惠性质。若高薪者享受的医疗与事故险保额较高，雇主所支付的超出部分的保费，视作员工的报酬，要征税。

上述三项福利有点类似中国的五险一金政策，普惠明显。

（4）雇主包吃包住。以实物形式提供的吃住福利免税。但是，若发放吃住的现金补助，则视作员工的报酬，要征税。

（5）所有员工无差别享受的员工折扣（20%以内）、无额外成本的服务，免税。这同样是一项普惠政策。

（6）工作条件附加福利（工作服、停车费等）、小额附加福利（免费咖啡等）。诸如此类，金额少，计税不方便，为遵从税收的效率原则，员工享受到的类似福利免税。

（三）人力资本的回收

工伤补偿金、医疗费报销、人身伤害补偿金（自身及配偶），均以精神、肉体受到伤害为前提，收取这些款项是为了恢复健康，基本属于直接损失的弥补，因此，对该类收入不宜征税。

笔者查证了很多国家的个人所得税政策，概莫能外。由此看来，人性化亦可成为税收政策的考量。

不过，如果收取的是伤害赔款，则宜作纳税人的计税收入。伤害赔款对加害人带有惩罚性质，数目较大，不需弥补纳税人的直接损失，则征税是合理的。

（四）与投资有关的免税收入

共有以下四种与投资有关的收入项目免税

1. 股票股利

股票股利属于利润分配的方式之一，将未分配利润转入股本。此时，公司的所有者权益没有变化，股东的财富亦无增加，当然不宜征税。这个政策与中国相同。

2. 州政府、地方政府发行的公债利息

为鼓励各州政府与地方政府多渠道筹措资金，发展经济，改善民生，联邦政府支持它们发行公债。支持的方式非常简单，即对此类公债购买者的利息收入免税。

中国亦有相似政策，不一样的是，中国是对国库券、金融债券的利息收入免税。

3. 破产时的债务豁免

一般情况下，债务豁免应确认为收入计征税款。不过，当纳税人破产时，他根本没有还债能力，亦无纳税能力。因此，破产时的债务豁免，不宜征税。

4. 房客对房屋的改良

房屋经过改良后，其价值确实发生了变化。但是，对房客而言，房子不是他的，因此，房客的财富并未实现增加，不能确认为其计税收入。

三、可扣除费用

在生意、经营中发生的合理费用，可扣除项目很多，共计 21 项。笔者在此仅仅介绍有代表性的扣除项目。

（一）员工业务费用

1. 报销时要列出费用发生的具体情况

（1）发生的费用与报销的款项正好相同，此时，对员工个人而言，既没有增加收入，也没有增加开支，对其个人所得税没有任何影响。

（2）报销的款项高于发生的费用。此时，对员工个人而言，增加了个人收入，要对其增加的收入征税。至于发生的费用，既然已经在公司报销，那么，在计算个人所得税时，不宜再进行费用扣除。

（3）报销的款项低于发生的费用。此时，对员工个人而言，相当于拿着自己的钱，给公司办事。针对这种情况，操作比较麻烦。要将报销款计入毛收入，所报销的费用作为扣除项目，正好抵消报销款。至于多发生的费用，只能作为杂项，在下一步进行特殊扣除时，才考虑处理，不能影响其调整所得。

例六　某甲、某乙、某丙为同一家公司员工，一起被派往外地出差。公司根据三人提供的费用清单及公司的报销标准，给每人报销 3000 美元。而此次出差，某甲实际发生费用 3000 美元，某乙 3500 美元，某丙 2800 美元。

对某甲而言，实际发生的费用与报销款相同，个人财富未有任何变化，所以，不影响其个人所得税的申报。对某丙而言，此次赚了 200 美元，实现个人财富的增加，需要对所增加的 200 美元征税。对某乙而言，此次亏了 500 美元，发生个人财富减少的状况。某乙需要将 3000 美元的报销款作为毛收入，同时将 3000 美元的费用作扣除项目，收支相抵，对其调整所得没有影响；至于多花的 500 美元，可考虑做特殊扣除，下一步处理。

2. 报销时不需列出费用发生的具体情况

报销款计作毛收入，至于员工发生的实际费用，只能作为杂项，在下一步进行特殊扣除时再考虑处理，不能影响调整所得。

例七　公司采用简易方式报销，不要求员工提供费用清单。某甲拿到了 5000 美元的报销款，全部计作毛收入，增加其调整所得；至于某甲此次发生的实际费用，不管金额多少，下一步特殊扣除时才考虑处理。

（二）搬迁费

换了工作，一年内要在新地方至少工作 39 周；家与新地方的距离，与老工作地点相比，要远 50 英里以上。鉴于此，只能搬家。搬家时，实际发生的家庭财产的搬运费，以及一家人从原住地搬到新家所发生的住宿费、交通费，是可扣除项目。除餐费外，其他的搬家费只要合理，均可扣除。如果自己开车，则按每英里 10 美分作固定扣除。

（三）退休计划的可扣除费用

政府鼓励每个人为自己的退休提前安排，以弥补公共养老金之不足。比如，每个人均可参加个人退休账户（IRA），此乃某种个人信托账户。在 1974 年，IRA 建立之初，就已规定每一年每个账户最多可存入 2000 美元，夫妇则为 4000 美元；IRA 最多可存入的金额，每年会进行指数化调整。

单身者，若不参加雇主养老金计划，存入 IRA 的款项，不能作扣除项目。

已参加雇主养老金计划的单身者，据其调整所得的多少，存入 IRA 的款项，可作不同的费用扣除。调整所得低于 25000 美元时，存入 IRA 的款项全额扣除；调整所得达到 35000 美元时，存入 IRA 的款项不做扣除项目；调整所得在 25000 ~ 35000 美元时，存入 IRA 的款项可做部分扣除。

笔者认为，政府此举，既鼓励多种方式提前安排养老，又不希望因养老金差距太大，造成贫富悬殊，社会失衡。

已婚夫妇需面对类似的政策，有以下公式：

IRA 扣除额减少比例 = （调整所得 - 40000）/10000

IRA 最高扣除额 = 4000 × （1 - IRA 扣除额减少比例）

已婚夫妇中至少有一人参加雇主养老金计划，当调整所得低于 40000 美元时，存入 IRA 的款项全额扣除；调整所得达到 50000 美元时，存入 IRA 的款项扣除额归零；调整所得在 40000—50000 美元时，存入 IRA 的款项可做部分扣除。

IRA 规定的缴费上限，每年亦作指数化调整。2002 年，调至 3000 美元；2005 年，调至 4000 美元；2008 年，调至 5000 美元；2016 年，IRA 单个账户最多可存入 5500 美元。

当然，上述 IRA 缴费上限针对的是 50 岁以下的纳税人，若纳税人超过 50 岁，则每年可多存入 1000 美元。

除 IRA 外，退休计划还有 401k 等。表 2 - 4 中列举了 2016 年其他退休计划的年缴费上限。

表 2-4 退休计划可放额度 单位：美元

计划名称	50 岁以下	50 岁以上
401K/403B	18000	24000
SIMPLE	12500	15500
SEP	工资 25% 或自雇收入 18.6%	（与 50 岁以下相同）
Roth IRA	5500	6500

笔者认为，对个人而言，退休计划本质上是延时纳税计划，对政府财政是有影响的，为防止有人利用退休计划避税，必须有所限制。但退休计划确实极大地解决了普罗大众的后顾之忧，要适度扶持鼓励。为了更好地让个人所得税发挥调节收入分配的功能，针对调整所得比较高的纳税人，个人退休账户政策应更受限，不能作费用扣除。

（四）自雇者的可扣除费用

确认调整所得时，健康保险费的 40%（该比例动态调整）与社会保障税的 50% 可作扣除项目。当然，若夫妇中有一人享受雇主提供的医保，确认调整所得时，则不能扣除健康保险费。

至于没扣完的健康保险费，在下一步进行特殊扣除时，可作为分项，考虑扣除。

毛收入 - 不予计列项目 - 可扣除费用 = 调整所得

而调整所得与应纳税所得额之间还需经过两道环节，即扣除特殊扣除费用与宽免额。

笔者发现，美国政府确认调整所得时，很少考虑纳税人身份；但后续的处理中，纳税人身份不同，适用的政策会有异。

四、特殊扣除

特殊扣除，是在计算出纳税人的调整所得后，再次进行费用扣除的行为，本质上，是一种普惠政策。

（一）确定原则

确定特殊扣除，主要有以下三个原则。

1. 法定优惠

根据税收法定原则，特定扣除项目，由国会制定专门的法律予以明确，其他任何机构、个人（包括总统），均无权增加或减少。毕竟，国会是最高的权力机构。

为防止产生歧义，法律条文中必须对具体的特定扣除进行详尽乃至繁琐的说明，以便合理运用政策。

2. 经营目的

为了赚钱而发生费用、损失，这是无法避免的事情。在盈利的时候，政府可以收税；在失败时，政府亦需采取激励措施，最见效的措施便是政府分担风险，计税时进行特定费用扣除。

所以，经营与投资过程中发生的合理费用基本可以扣除。这类费用或损失亦比较容易确定，不需要担心避税问题。

至于个人、家庭的开支，因生活水平千差万别，无法认定其花费的合理性，所以，一般不宜扣除。除非该开支比较明确，数目比较大，不做扣除会影响纳税人的正常生活。

3. 资本回收

对长期性的资产，应该进行资本化，如机器设备、专利权等，对它们进行折旧、摊销，使其在预期寿命里慢慢实现资本回收，折旧、摊销是日常费用；而没有预期寿命的土地、普通股，虽然亦需资本化，但是不能进行折旧或摊销，因为其资本回收需等到出售才实现，日常无费用。

（二）扣除方法

特定扣除费用的扣除方法有两种，即标准扣除法与分项扣除法。

其中，标准扣除法运用起来比较简单，不需要提供详细的费用清单，适用于收入不高的纳税人；分项扣除法亦称列举扣除法，运用起来比较复杂，对资料的要求比较高，但其项目多，考虑的费用较全面，适用于收入高的纳税人。

1. 标准扣除

以纳税人的不同身份，制定特定扣除的标准金额。当然，不同年度，因物价水平不一样，金额的标准会进行指数化调整。

表五是1996、1997及2010、2013年不同身份的人的标准扣除额

表2－5　标准扣除额　　单位：美元

身份	1996年	1997年	2010年	2013年
单身纳税人	4000	4150	5700	6100
已婚联合申报	6700	6900	11400	12200
已婚单独申报	3350	3450	5700	6100
户主	5900	6050	8400	895012200
鳏夫或寡妇	6700	6900	11400	

从表2－5可看出，标准扣除额指数化调整的幅度较大，照顾到了中低收入纳税人的生计，物价上涨时，政府不搞趁火打劫。

当然，为体现政策的人性化，对盲人及65岁以上的老人，除上述标准扣除外，还有附加扣除，纳税人若为65岁以上的盲人，则可享受双倍的附加扣除。而附加扣除，年份不同、纳税身份不同，其金额标准也会有差异。笔者对此不做赘述。

表2－6为2016年度，不同身份的标准扣除与附加扣除额。

表 2 – 6 2016 年标准扣除与附加扣除额 单位：美元

纳税人身份	标准扣除额	附加扣除额
单身纳税人	6300	1550
已婚联合申报	12600	1250（每人）
已婚单独申报	6300	1250
户主	9300	1550
鳏夫或寡妇	12600	1250

对于普通的工薪阶层，其标准扣除有点类似中国的生活费扣除标准。通过表 2 – 5 与表 2 – 6，可以感觉到，美国国会在制定政策时充分尊重每个人的生存权，所以，美国人的纳税意识比较强。

2. 列举扣除（分项扣除）

具体的扣除有不同的条件限制。

(1) 医疗费

包括自己与家人的医疗费，超过调整所得 7.5% 的部分。

例八 某甲儿子住院，自费 5000 美元，某甲当年的调整所得 100000 美元。

100000 × 7.5% = 7500 5000 小于 7500

某甲自费的 5000 美元不能作费用扣除。

这个政策的制定，是为了防止纳税人因病致贫。美国的医院收费很高，很多人因付不起医疗费而申请破产；若买了保险，保险公司承担一部分，个人亦需自费一部分，对于低收入者，这笔费用很可能会影响其生活质量。

可以扣除的医疗费包括健康与事故保险费，看病的路费（每英里 10 美分），住院费，手术费，处方药与胰岛素，牙医费，医生诊费，配镜费。以上，均属因病痛而发生的正常开支，保存好资料，即有机会申报扣除。

当然，如果自费的医疗费不超过调整所得的7.5%，则对纳税人而言，他有自行承担的经济实力，不宜做费用扣除；而买保健品，给宠物看病，美容等，均属奢侈消费，必须自行承担，不可申报扣除。

健康储蓄账户和医疗储蓄账户，这两个账户虽然用途有所差异，但都是为了让自己解决医疗开支，防止把负担转移给下一代。政府鼓励这方面的储蓄，而鼓励的方式，则是这两个账户存入的资金均可申报扣除，但扣除金额有限制，每年会做指数化调整。比如2016年，健康储蓄账户（HSA Contribution Limits）可存入款项的额度上限，个人账户为3350美元，家庭账户为6750美元（2015年的额度6650美元）；若纳税人超过55岁，可多存1000美元。而在2016年，医疗储蓄账户（Archer MSA Contribution Limits）的可放额度，个人账户在2250～3350美元之间，医疗计划中每年自付额的65%以下；家庭账户在4450～6700美元之间，医疗计划中每年自付额的75%以下。

（2）税款

已交的州与地方政府的个人所得税、财产税，可申报扣除。允许扣除的税款项目不多，比如，消费税、公用事业税、销售税、用水与污水处理税，这些税款均不可申报扣除。联邦政府、州政府均征收个人所得税，两税有重合，所以可借助豁免权互相抵免。笔者需要提醒的是，若收到了州政府的退税，要计入其应纳税所得额，增加联邦个人所得税的征缴。

消费税与销售税、联邦个人所得税不可申报扣除，这点大家能够理解。政府为了鼓励民众节约资源，以税收显示其政策导向，因此，公用事业税、用水与污水处理税，这两项税款不可申报扣除。但是，让笔者感到困惑的是，除自雇者外，联邦社会保障税也不可申报扣除；相比而言，中国的政策更人性化。

（3）利息

凡属消费类贷款如汽车贷款、信用卡等利息，不可申报扣除。可以申报扣除利息的贷款，仅包括住宅抵押与投资贷款。

住宅抵押贷款利息扣除有限制规定，只扣除本金在100万美元以内的利息，超额部分的利息不可扣除；贷款额不得超过住宅的公允价，以防避税。有趣的是，美国税法中的住宅，不但包括不动产，还包括游艇等匹配生活设施的移动住宅。

美国对投资贷款的利息扣除亦有诸多限制。首先，贷款用途仅限于购买证券组合投资，可扣除金额不超过当年投资所得，超过投资所得的那部分利息以后扣除。也就是说，投资失败的话，其利息不能扣除。

（4）偶然损失

偶然损失包括被盗等方面的经济净损失，可申报扣除的必须符合两个条件。每次超过100美元，每年超过其调整所得的10%。也就是说，这种数额比较大，会影响到生活质量的偶然损失，政府才会考虑减轻其税负。如果损失不大，纳税人完全有能力自行承担，那么政府也没必要帮忙。

例九　某甲财产被水毁损，财产损失500000美元，保险公司赔付420000美元，某甲当年调整所得300000美元。

$300000 \times 10\% = 30000$，$500000 - 420000 = 80000$（美元）

可扣除的损失 $80000 - 30000 = 50000$（美元）

（5）对外捐赠

此政策与中国政策相似，只不过范围更大。纳税人对教育、科学、宗教、慈善、文学、动物保护、儿童保护等组织的捐赠，可申报扣除。如果是政治捐献（竞选经费等），私立学校的学费，给党派或国际组织、各种商业协会、市民社团等的捐赠，则纳税人必须自行承担，不可申报扣除。换而言之，凡有政治色彩，或带商业意图的捐赠，不在可申报扣除范围。

与中国一样，美国申报扣除的金额亦有限制。假如捐出去的是现金或其他一般性财产，在纳税人调整所得的 50% 以内的，允许扣除；假如捐出去的是股票、经营性房产等能够带来长期回报的财产，并且按公允价计算了其扣除额，则在纳税人调整所得的 30% 以内的，允许扣除。

当年超额的捐赠，以后五年结转抵扣。

例十　某甲 2016 年捐出两笔款项，一笔捐给了老兵协会，共 100000 美元；一笔捐给了总统竞选基金，共 20000 美元。2017 年未捐赠。2016、2017 年，某甲的调整所得均为 180000 美元。

则某甲 2016 年可申报扣除的捐赠为 180000 × 50% = 90000 美元，2017 年可申报扣除的捐赠为 100000 - 90000 = 10000 美元。

对高收入人群而言，慈善捐献的成本非常低。举例说明，同样捐赠 1000 美元现金，一个最高税级为 20% 的人，其净成本是 800 美元；一个最高税级为 60% 的人，其净成本是 400 美元。如果这位高税级人士捐出的是 1000 美元的股票，买入时仅花费 200 美元。那么，他捐赠的实际成本，就只有区区 200 美元。正是由于税收法典对捐献的热情鼓励，才出现了年入百万美元的人不用纳税的怪现象。

（6）杂项

这方面涉及的项目就比较多了。

有的项目可全额扣除有的项目可做部分扣除。比如与个人职业发展有关的就业机构手续费、就业教育费、工会会费、专业期刊订阅费，与投资有关的咨询费、法律与会计费、手续费，员工及办公室开支，与爱好有关的开支，与工作有关的未报销的业务费（餐费与娱乐费受 50% 限制规定），税务咨询与申报费等。当这些开支超过调整所得的 2% 时，才允许申报扣除。

对高收入的纳税人，列举扣除有特殊政策。所谓高收入，指单身纳税人的调整所得在259400美元以上，夫妇联合报税、鳏夫或寡妇311300美元以上，夫妇单独报税155650美元以上，户主285350美元以上。

这些高收入的纳税人，申报扣除医疗费、赌博损失、失窃或灾害、投资利息等开支时，不按其调整所得的提高而递减应扣除的金额，即不同收入的纳税人，扣除待遇相同。而这些人申报扣除其他项目，需要按其调整所得的提高，相应减少应扣除的金额，减少超过调整所得部分的3%［（调整所得－259400等）×3%］，同时，整个扣除的减少额不超过参与递减扣除项目的80%。

换言之，高收入的纳税人，申报扣除除医疗费、赌博损失、失窃或灾害、投资利息等开支以外的列举扣除项目，有扣除限额；扣除限额为上述调整所得的3%或者真实发生额的80%。

对大多数纳税人而言，申报特殊扣除时，既可以选择简单的标准扣除方法，亦可以选择列举扣除方法，哪种合算选哪种。但有以下三类纳税人只能使用列举扣除。（1）夫妇单独申报，一方采用列举法，另一方亦只能用列举法。（2）非居民及双重身份的外国人，不宜用标准扣除法。（3）报税表时间少于12个月的纳税人。

五、宽免额

宽免额本质上就是生活费，至于具体金额，每年会根据通货状况作出一些调整。自1990年起，宽免额开始进行指数化调整。表2－7列出了部分年度的宽免额，可看出变化。

表 2－7　各年宽免额

年份	金额（美元/年·人）
1997	2650
2006	3500
2007	3400
2008	3500
2013	3900
2015	4000
2016	4050

物价上涨，生活费提高，宽免额也会相应提高。

每个人的宽免额是相同的，而且，只允许在一个纳税人的所得中进行扣除。确认纳税人的宽免额金额，麻烦在于确认人数。

亡人照样享受当年的宽免额，配偶按当年 12 月 31 日的婚姻状况确定。家庭成员指抚养对象。

例十一　某甲在 2016 年丧偶，并于同年再婚；则其宽免额为 4050 ×3＝12150 美元。某乙接受儿子赡养，其子计算宽免额时已将其计入人数，则某乙申报个人所得税时，反而不能享受本人的宽免额。

针对高收入群体，宽免额的政策有特殊要求。一旦达到高收入标准，本人及其家人的宽免额均需下调，直至归零。至于高收入的认定，与列举扣除方法中对高收入的认定标准相同。下调的方法，是按每 2500 美元下调 2% 的方式进行。宽免额政策有利于解决中低收入家庭每个人的基本生活开支。至于高收入者，因其有能力将家人的消费在税后自行承担，所以宽免额会相应减少。这是典型的平均主义思维。

调整所得－特殊扣除－宽免额＝应纳税所得额

而计算初算税负，需要应纳税所得额×税率。

六、税率

美国在1913年开征个人所得税时，设计了超额累进税率制度，并且至今仍在沿用该思维。这种思维，与中国个人所得税政策中综合所得、生产经营所得采用超额累进税率的思维，出发点是一样的。即能力强的多交税，体现了税收的公平原则。

联邦个人所得税的税率，有过1929年的0.375%的最低税率，亦有过1944年94%的最高税率。一开始，此税面对的是富豪，普通人不需要交税，设计的税率亦不高。到第二次世界大战期间，罗斯福当政，为筹集战争经费大幅提高税率，普通工薪阶层才开始承担联邦个人所得税。

以2016年为例。2016年，联邦采用10%～39.6%的超额累进税率，而且，针对纳税人不同的申报身份，设计了不同的税率级距，具体见表2-8。

表2-8 2016年联邦个人所得税税率表

单身所得额（美元）	税率
0～9275	10%
9276～37650	15%
37651～91150	25%
91151～190150	28%
190151～413350	33%
413351～415050	35%
415051以上	39.6%
夫妇联合报税时所得额	税率
0～18550	10%
18551～75300	15%

续表

单身所得额（美元）	税率
75301 ~ 151900	25%
151901 ~ 231450	28%
231451 ~ 413350	33%
413351 ~ 466950	35%
466951 以上	39.6%
夫妇单独报税时所得额	税率
0 ~ 9275	10%
9276 ~ 37650	15%
37651 ~ 75950	25%
75951 ~ 115725	28%
115726 ~ 206675	33%
206676 ~ 233475	35%
233476 以上	39.6%
户主所得额	税率
0 ~ 13250	10%
13251 ~ 50400	15%
50401 ~ 130150	25%
130151 ~ 210800	28%
210801 ~ 413350	33%
413351 ~ 441000	35%
441001 以上	39.6%

寡妇、鳏夫适用夫妇联合报税的税率级距与税率。

以上是属于法定的普通税率，美国国税局每年会进行指数化调整。第二年申报纳税时，按前一年的所得额查找适用的税率。

税率可以体现征税的深度，不同时期，由于联邦政府对个税收入的倚重程度不同，税率设计也会相应变化。

在 Poe v. Sea born an 案件中，美国最高法院主张夫妻一方所得属共同财产，因为纳税人为华盛顿州居民，该州遵从共同财产制。为解决遵从共同财产制与普通财产制的不同州造成的税收歧视，国会在 1948 年对夫妻联合申报立法规定其税负为除以 2 再乘以 2。由于累进税率的设计，高收入者如果与低收入者结婚，其税负会大大降低，出现“婚姻奖励”，纳税人在年底突击结婚以减轻税负。1969 年，国会修改税法，规定单身者的税负不得超过已婚者的 20%，这就有点矫枉过正了，出现了“婚姻惩罚”，违背了婚姻的中性原则。国会 2011 年对税法进行了重新修订，规定夫妻联合申报时，标准扣除额是单身者的两倍，在 10% 与 15% 这两个税率级距上亦为单身者的两倍。这就有限度地尊重了婚姻的中性原则。2011 年至今，一直遵循此原则。

严格来说，联邦个人所得税最早开征是在 1862 年，当时的林肯政府为筹集战争经费，设置了起征点 600 美元；超过 10000 美元时税率最高，封顶在 10% 的个人所得税征收标准。当时需缴税的美国家庭不多，仅覆盖全美 1.3% 的人口。

1913 年联邦个人所得税法规定，个税起征点 3000 美元，超过 500000 美元税率最高，为 6%。当时的人均国民收入仅 350 美元，缴税者当属富人无疑，需缴税的美国人大约占总数的 0.36%。所以，普通民众对此税非常欢迎。

1944—1945 年，战争正酣，个人所得税起征点降到了 2000 美元，最高级距调低至 200000 美元。这一下子，全美 74% 的人口要面对此税，税率亦大幅调高，个税从此成为联邦政府的重要财源。

2016 年的税率如表 2－8 所示，最低为 10%，最高达 39.6%，六个档次差距不大。拉开征税负担的手段主要为级距设计，身份不同，级距也会有差异，其制度设计再一次考虑了纳税人的家庭状况。

例十二　某甲单身，某乙需赡养母亲。两人的应纳税所得额均为50000美元。

某甲的初算税负为9275×10%＋（37650－9275）×15%＋（50000－37650）×25%＝8271.23美元。

某乙初算税负为13250×10%＋（50000－13250）×15%＝6837.5美元。

上文介绍的是普通税率的设计。对资本运作，其税收政策有所不同，体现政府对投资行为，尤其对长期投资的呵护。

如果投资损失超过投资收益，即发生资本利亏，可考虑扣除减免一般所得税。扣除限额3000美元/年/人，超过的损失转入下一年投资成败的计算。在进行资本利亏扣除时，短期的优先。所以在年底，很多美国人将亏损的股票、债券等资产出售，产生资本利亏，以减少个税税负。

另外，在美国，卖房、炒股、买卖债券等投资赚了钱是要缴个税的。如果是短线投资，则没有税率优惠。长线投资（持有一年以上）则属鼓励行为，有税率优惠政策。

当出售自住房（售前5年中的2年为主要住所）时，有250000美元（夫妇为500000美元）的豁免份额，而且，一生中，此豁免无次数限制；豁免后的剩余收益按资本利得的优惠税率缴税。

美国的房产资本利得计算与中国相同，即买卖差价。如果持有时间短，正常交税。若为自住房，差价低于250000美元（夫妇为500000美元）的，卖房不征个人所得税。当然，如果卖房后又在短时期买房，其资本利得税也是可以申请豁免的。这个政策与中国非常相似。看来，在“居者有其屋”方面，两国采取的措施差不多。

长期资本的税率设计依然参照了普通税率的设计，即根据纳税人身份，设计不同的税率级距。在普通税率10%～25%的资本所得区间，长期资本税率为0，即不征税；在普通税率25%～39.6%的资本所得区间，长期资本税率为15%；在普通税率39.6%以上的资本所得区间，长期资本税率为20%。长期资本利得采用超额累进制计征个人所得税，设计15%、20%两档税率，比普通税率低多了，起征点也很高，体现了联邦政府的政策导向。

例十三　某甲、某乙2016年炒股均获利100000美元，某甲为“短线王”，持股不到一年。某乙秉承价值投资理念，其中90000美元的获利来自持有一年半的股票，10000美元的获利来自短期持股。两人均为未婚妈妈。

针对某甲炒股获利征收的个人所得税为13250×10%＋（50400－13250）×15%＋（100000－50400）×25%＝19297.5美元。

针对某乙炒股获利征收的个人所得税为10000×10%＝1000美元。

笔者认为，中国可借鉴美国有关资本利得的税收政策，投资需呵护，而投机需打压。

应纳税所得额×税率＝初算税负

初算税负－税款抵免－已交税款＝应交税款

七、税款抵免

税款抵免政策是对弱势群体最直接简单的呵护，并且力度不小。

老人、小孩、残疾人，这类人群在任何社会均属公认的弱势群体，需要政府适度倾斜的政策扶持。税款抵免采用现金返还、非现金抵免两种方式。现金返还方式，指当抵免款大于应交税款，多余金额可申请退税。正因为有退税，低收入家庭申报个人所得税才会更积极。

为鼓励大家参加社会工作，防止养懒汉，对劳动收入低、家庭负担重的纳税人，可进行税款抵免。税款抵免的具体金额每年会有调整，总的趋势是上调。2017 年，工资低于 20600 美元（单身为 15010 美元）的无孩家庭最多可抵免 510 美元；调整所得低于 54000 美元的家庭，根据孩子的数目，抵免额在 3400 ~ 6318 美元之间。这个项目名为劳动收入抵税，实际是可以现金返还的。当然，如果纳税人劳动收入升高或者调整所得升高，则可享受的此项税款抵免数目也会下调甚至归零。这个政策既鼓励人们承担养家糊口的责任，同时也考虑了个体差异。此优惠政策适用于 24 ~ 65 岁的劳动人口。

1997 年起，美国收养孩子的直接费用（如手续费），可申请税款抵免。抵免有限额（若领养的为特殊需要孩子，则直接按限额作抵免金额），当年没抵完的可以以后五年结转抵免。抵免限额每年会有调整，1999 年为 5000 美元，2016 年为 13460 美元。而且，收入越高则抵免金额递减。以 2016 年为例，调整所得超过 201920 美元时，开始递减该项目的可抵免税款，当调整所得超过 241920 美元时，则该项目的可抵免税款归零。这个项目从政策层面鼓励“幼吾幼以及人之幼”，采取非现金抵免方式。

照顾家人抵免税款。家里有 13 岁以下的小孩，或者生活不能自理的家庭成员，当纳税人上班时，需要请人在家照顾他们。美国的人工比较贵，照顾费是一笔不小的开支。

为照顾中低收入家庭，鼓励工作，国家承担照顾费的 20% ~ 35%。根据 2016 年的政策，调整所得 15000 美元以下的，照顾费的 35% 抵免税款；随着调整所得的提高，可抵免税款的照顾费比例下调；超过 43000 美元时，比例最低，为 20%。当然，此项目的税款抵免亦有上限。2016 年政策，只需照顾一人的，上限 3000 美元；两人以上的，上限 6000 美元。政策同时规定，只有发生在家里的照顾费，才可申请税款抵免。这个优惠政策，本质上维护的是儿童及病残者的尊严，采取非现金抵免方式。

美国照顾家人抵免税款的优惠政策，按照中国目前的家庭状态，政府也可以适当借鉴。

儿童税收抵免。有 17 岁以下小孩的家庭，每人可抵免税款为超过调整所得 3000 的部分的 15% （最高达 1000 美元/人）。当然，针对高收入者，收入每增加 1000 美元，抵税款则减少 50 美元。此时的高收入分界点，单身、户主为 75000 美元，夫妇联合报税为 110000 美元，夫妇分开报税为 55000 美元。该项目采取非现金抵免方式，乃鼓励生育的政策。

美国机遇税收抵免，指纳税人、子女的高等教育学费可抵免税款，采取现金返还。这个政策对提高国民素质，促进阶层流动，意义重大。

在中国，财政已经采取多重措施，早已解决了贫困家庭小孩的学费难题。并且，从 2019 年开始，借鉴美国政策，我国在计算个人所得税确认综合所得时，将纳税人的继续教育学费及子女的高等教育学费作为了专项扣除项目。

纵观联邦个人所得税政策，制度设计繁杂，非专业人士难以把控。增加了纳税人的时间、经济成本，是不符合税收效率原则的。好在，美国有高效的计算机系统，严格的金融监管，及时全面的涉税信息共享机制，法典给征纳双方设定了平衡的权利义务，才让制度正常运行。若没有上述支撑，制度运行起来会相当麻烦。所以，若将美国的政策照搬到中国，改革中国的个人所得税制度，可能会出现南橘北枳的后果。

相较而言，美国的个税是比较公平的。计算出调整所得后，后期的特殊扣除、宽免、税率与税款抵免均考虑了纳税人的家庭状况，所以，高收入人群承担了 60% 的个税税收。笔者认为，中国确实需要加大对高收入群体的征税力度，改变目前的倒挂现象。

第三节　联邦企业所得税

联邦企业所得税的历史可以追溯至1909年，不过当时挂的是消费税的名头。美国最高法院曾经判定“对公司形式经营的特权征收的消费税，以公司的净所得为纳税对象是合理的”。1913年宪法修改后，企业所得税合法了。

独立后，美国长期处于间接税——关税为主的税制时期。

高关税制度体现了民族主义的立场，直接满足了各执政党的政治需求，有利于提高民族凝聚力。美国内战导致巨额的政府融资需求，北方联盟启动了应急税收方案。战争结束后，由于屡遭抗议，1872年，议会终止了所得税的起征，重新依赖关税。

但是，随着工业化进程的不断加快，政府开始认识到关税的弊端，意识到关税保护出现垄断现象，因此积极呼吁改革税制。此后的两次世界大战，利用战争融资，在政府爱国主义、民主思想、支付能力原则、平等化思想的宣扬下，累进税开始具有合理性、合法性，所得税从此成为美国税收的主要支柱。

两次世界大战，对美国联邦政府的财政体制产生了深远影响，促使了美国税制向现代税制演变，以便适应日新月异的经济社会环境。从间接税到直接税的演变过程中，公民对国家的权利诉求相应增加，其主人翁意识不断强化，推动了公民对政府的监督。

二战时采取的新税制，对美国财政制度产生了重大的影响，尤其是累进所得税制。在二十世纪五六十年代，由于经济持续增长，即便没有变动税种和税率，美国政府的收入也在不断提高，顺利地开展了不少新的支出项目。

累进所得税，是平衡收入分配的重要手段之一。税收作为政党政治的重要工具，共和党侧重减税，而民主党侧重增税。共和党的里根总统、小布什总统、特朗普总统，都实行大规模的减税计划，民主党的小罗斯福总统、克林顿总统、奥巴马总统，都曾经实行过增税计划。尤其是克林顿时期，美国预算居然实现了收支平衡。

在1941年以前，有17年，企业所得税是收入最高的税种；1941年后，个人所得税成为主要的税收来源；1941—1967年，企业所得税仅次于个人所得税而位居第二；1968年的财政年度，企业所得税被社会保障税超过，从此，其重要性渐渐失去，收入占比基本屈居第三。以2016年为例。2016年，美国国内生产总值为16.7万亿美元，美国政府的财政收入为32668亿美元，占国内生产总值的17.8%；其中个人所得税占财政收入的47.3%，社会保障税占34.1%，企业所得税占9.2%。

成立新公司，需要在美国国税局注册登记，申请联邦雇主识别号。这一点，与中国要求相同。与中国不同的是，美国没有专管员制度。

在中国，企业开业进行税务登记时，会安排专管员对其纳税事项作“保姆式”服务；有的企业，因纳税申报不规范被查时，甚至以专管员未提醒，作为搪塞的理由。

美国以自行申报为主，出错了只能自己承担后果。当然，为防止纳税人动辄得咎，美国允许纳税人修订申报，限期内可以改正自己的申报资料。

对企业所得税，中美均采用先预交后汇算清缴的方法。在中国，以日历年度为纳税年度，除小微企业与银行按季预交，其他企业按月预交。但美国允许企业选择以日历年度或者会计年度作为纳税年度，在一个纳税年度里分四次预交税款。

一、企业的形式种类

与中国相同，美国的企业所得税法亦将纳税人分为居民企业和非居民企业。

在美国境内，据联邦法律或者某个州的法律创建的公司，是美国国内企业，也就是美国的居民企业，不论股东是谁，在美国有无经营活动，居民企业就其来源于全世界的所得纳税，即承担全面纳税义务。

在境外成立的企业为非居民企业，即外国企业。外国企业承担有限纳税义务，仅就其来源于美国境内的所得纳税。在美国从事贸易、经营活动的外国公司，对来源于美国并且与美国的经营活动有联系的所得，应按其适用税率申报缴纳企业所得税；若有来源于美国的所得，但与美国的经营活动没有实质性联系，则按30%的税率缴纳企业所得税。

下面是笔者列举的企业的具体形式种类。

1. 合伙企业、个体企业。这两类企业本质上没有法人地位，应交个人所得税，不交企业所得税。该政策与中国的政策相同。

2. 股份公司。发起成立后发行股票，取得法人地位，股东的所有权可自由转移，股东承担有限责任，企业经营期限不做限制，需交企业所得税。

3. S公司。享受特殊的纳税待遇。既可以有股份公司的特质，又可以享受合伙企业交个人所得税的待遇。成为S公司的条件：股东人数75个以内（夫妻股东算一个）；股东身份限定为遗产、个人、信托、免税组织；非居民的外国人不能作为股东；只有一种未偿付的股票；全体同意作S公司。S公司盈亏分给股东，由股东自行解决税收，S公司不交企业所得税，通常以日历年度进行会计分期。

4. 有限责任公司。有法人地位，股东责任有限，但股份不能自由转移的公司。有限责任公司盈亏分给股东，由股东自行解决税收，公司不交企业所得税。

5. 个人服务公司。专门提供私人服务，既做老板又做员工，而且有双重身份的人持有的股份超过10%。这种公司直接按其所得缴35%的所得税。税负很高，但是可以通过自我加薪的方式，减少公司所得减轻税负。

6. 专业服务公司。会计、医疗、建筑、法律等专业的服务公司，税收待遇与合伙企业相同，缴个人所得税。这类机构不宜成立股份公司，因其对投资人有资质要求，并且需承担无限责任。

7. 受控外国公司。美国人在国外成立的公司，持股50%以上或有10%以上的表决权。该公司的美国股东申报纳税，就是俗称的全球征税。

8. 外国销售公司。为美国商品的出口成立的外国公司。这类公司必须在境外有办事处，真正从事经营活动，至少请了一名当地人。该公司的公司股东全部同意选择外国销售公司的身份。外国销售公司可以享受一些税收优惠政策。对美国制造商，出口收入的25%免税，对美国出口商，出口收入的30%免税。转移定价认可，公司身份的股东对股息可做部分扣除。美国对外国销售公司税收优惠的幅度不小。

9. 国内的国际销售公司。成为国内的国际销售公司的条件是要有10000000美元的出口收入；收入中95%为出口收入；资产中95%以上为出口产品。这种公司与中国的进出口公司非常相似。国内的国际销售公司仅仅享受递延纳税的优惠。制造商有出口收入47%对应的所得税税款可递延，批发商有出口收入94%对应的所得税税款可递延。当然，递延税款的利息不能少。

二、会计方法

在中国，企业记账只认权责发生制。在美国，通常亦需要适用权责发生制。

但是，在美国，从事农业的公司，可以选用收付实现制。三年内平均收入在5000000美元以下的公司，可以选用收付实现制；S公司，既可选用收付实现制，亦可选用权责发生制。

至于存货，日常核算通常以先进先出法为基础，并且按照成本与市价中的较低者计价。

至于会计期间，S公司一般使用日历年度作为纳税年度；其他企业，可选用日历年度或会计年度作为纳税年度。会计年度包含的期间当然亦为12个月，但截止时间由企业按照经营高峰自主确定。每个企业经营高峰出现的时间是不同的，因此，不同企业，会计年度起止的月份不同。

这个政策与中国有异。中国企业的会计年度与日历年度是重合的，企业以日历年度做会计分期，并据以汇算清缴企业所得税。

由于美国的税收管理更先进，征税机关能够每天24小时接收纳税申报，所以，为分散工作压力，对会计分期，美国不做统一规定。

例十四　甲公司是一家旅游服务公司，其经营旺季在每年的暑假。则可以将8月31日作为会计截止日，每年的8月31日至次年的8月31日为一个纳税年度。乙公司是一家礼品制造商，其经营旺季在每年的10—11月，则可以将11月30日作为会计截止日，每年的11月30日至次年的11月30日为一个纳税年度。

三、经营费用的扣除政策

对企业而言，以经营为目的而发生的费用基本可以全额扣除。比如水电费、房租、工资、原材料消耗、广告开支、坏账损失、维修费等，这些纯粹的经营费用可以全额扣除。

但是，对于既具有经营性质又符合私人性质的费用，扣除时有相应的限制规定。这一点，美国与中国的政策是相似的。其原因非常简单，防止将个人开支作为经营费用扣除。

下文介绍有限制的费用扣除政策。美国的税法对费用的规定比较细致，公私分明。

1. 餐饮及娱乐费用

因经营目的而发生的餐饮及娱乐费用，可扣除实际发生额的50%。

所谓经营目的，指餐饮及娱乐费用与经营活动密切相关，并有其员工出席。当然，业务伙伴相互招待、餐饮及娱乐场所的会员费、奢侈消费等不得扣除。美国税法严格厘清了公私界限。

比如，请客户看体育比赛、在夜总会的支出，都是消费，不能算公司成本费用。不过，也有将餐饮及娱乐费用全额扣除的情况。像专门招待员工，为员工利益发生的，或作为劳动报酬报销的这些餐饮及娱乐费用可全额扣除。

在中国的政策里，有业务招待费60%、营业收入0.5%的限额扣除政策；但工作餐、误餐补助可全额扣除。

笔者认为，与中国比较，美国的政策更严苛。

2. 汽车费用

用于经营目的，其汽车费用才可以扣除。而上下班的通勤费，就不可扣除。

汽车费用具体的扣除方法有两种，标准英里率或实际费用。不论用哪种方法，不驾驶汽车也会发生的停车费、过路费、汽车的财产税、利息等，与经营直接有关的汽车费用都可以扣除。用标准英里率确认汽油、修理、保险、润滑油及折旧等与经营直接有关的汽车费用，其标准每年会做动态调整。比如，1999 年为 31 美分/英里。用实际费用的方法，必须保存记录，若汽车兼用于私人用途，还需分摊经营、私人之间的费用，将私人应分摊的费用剔除后才宜作扣除。

两种方法下，均需证实使用汽车的经营目的。这个政策，与中国的禁止公车私用异曲同工。

不过，中国的很多企业，在禁止公车私用的同时，还有对个人的交通补贴，并且依然保留上下班的通勤车，而这些费用，中国的税法均认为可以扣除。

例十五　某甲招待客户后，顺便接儿子回家。其商务车一天耗费300 美元，接送客户与回家的路程比为 2∶1。则可扣除的汽车费用为200 美元。

3. 差旅费用

仅仅用于经营目的，而发生的旅行费。包括路费、住宿费、50% 的餐费、电话与洗衣等杂费。

在中国，企业往往会制定差旅费报销制度，税法对报销的差旅费全额扣除，尊重企业的制度安排；所以，在中国，私人的旅行费很容易被扣除。

但在美国，若有公私兼顾的旅行情况，若主要办公事，则只可扣除交通费，而住宿、餐费与杂费不可扣除；若主要办私事，则只可扣除与经营有关的住宿费、50% 的餐费、杂费，而交通费不可扣除。

当次旅行的主要目的，按活动的时间安排判断。因此，纯私人的旅行费，是不可能报销扣除的。

例十六　某甲年假期间外出旅行，在外地发现与企业有关的商机，为此，在外地多待了三天，则这三天的住宿费、50% 的餐费、杂费，可以作为差旅费用扣除，但路费不可扣除。

4. 礼品费用

给每位业务顾客礼品的费用扣除限额为25美元/年。这里的25美元，仅指礼品本身的价值，不包括礼品的包装、运输等杂费。

5. 教育费用

高等教育的教育费用只能作为个人开支，不可扣除。但专业人员的培训费，是可以全额扣除的。

在中国，税法允许扣除工资总额2.5%以内的职工教育经费，而职工教育经费的开支范围很广，包含培训费及高等教育的教育费等，具体报销由企业的制度确认，税法扣除时仅关注是否超过限额。

6. 员工工资

合理的薪酬可全额扣除。

对上市公司，总裁等级别的高管、按“1934年证券交易法”需报告薪酬的员工，若支付的报酬超过1000000美元，其超额部分不可扣除。看来，美国亦有“限薪令”。

在中国，国资委对非上市的国企高管有限薪令及绩效考核政策，但税法没有限薪令。

笔者认为，美国税法对工资费用的管理更严苛，中国的税法反而相对宽松。所以，中国的某些企业利用工资项目隐匿利润，可达到少交税的目的，而美国的企业则无此机会。

7. 坏账损失

与生产经营有关的坏账可全额扣除；与生产经营无关的坏账作为短期资本利亏，由资本利得弥补。当然，若因自愿放弃而产生的非经营性坏账，不可扣除。

中国的税法允许全额扣除坏账损失，不考虑其发生的原因。

8. 保险费

企业的财产险及经营损失险、员工的集体医疗与寿险、员工工伤险及忠诚险，这些保险费可全额扣除。单独给部分员工支付的人寿保险不可扣除，除非其支付的保险费属于员工报酬；人寿保险，被保险人出险，企业反而可以获益的，其保险费不可扣除，也就是说，企业作为受益人的人寿保险，美国税法不认可。

这个政策，与中国五险一金的政策异曲同工。美国的保险机构均为私立机构，给企业提供的保险品种多样，只要是合理的保险费用，美国税法均会认可。

例十七　企业给员工投保，医疗险与寿险共计花费保险费 10000 美元，另外，给企业高管单独投保的寿险花费保险费 1000 美元。则可扣除的保险费金额为 10000 美元。

9. 税款

可以扣除的税款有很多。

州政府与地方政府的所得税可全额扣除；境外的所得税有限额扣除政策，以联邦企业所得税税率为标准计算限额，境外的所得税在限额内，可全额扣除，超额的部分可以向后结转两年，或向前结转五年。这些所得税的税款扣除，体现了税不重征的公平原则。

与受益无关的不动产税可全额扣除；与受益有关的不动产税，如人行道、下水道、街道等设施的改善所产生的费用，这类税款应计入固定资产的原始成本，以后计提折旧，不可当期扣除。

企业所承担的社会保障税，可全额扣除。

与经营无关而产生的销售税不可扣除；购买固定资产而产生的销售税应计入固定资产的原始成本，以后计提折旧，不可当期扣除。

消费税、特许权税、经营中购进发生的销售税可以扣除。

美国的税款扣除政策与中国的非常接近。

10. 法律费用

正常的生产经营过程中，所发生的法律费用，包括诉讼费、律师费，可全额扣除。但是，与固定资产的所有权、改进有关的法律费用计入固定资产的原始成本，以后计提折旧，不可当期扣除。

在中国，所发生的法律费用允许进行当期的全额扣除，可以不管打官司的原因。笔者认为，美国的法律费用尤其是律师费非常昂贵，因此，有必要区分受益情况，进行不同处理。

例十八　甲企业被其客户告上法庭，花费500000美元和解；同年，与厂房的承建商打官司，花诉讼费、律师费10000美元，官司未成功。则当年可扣除的费用额500000美元。而10000美元需追加到厂房的原始成本中，以后一起计提折旧。

四、对亏损的处理

联邦所得税法将亏损划分为两种，年度亏损与交易亏损。

年度亏损又划分为净经营亏损、消极活动亏损，交易亏损又划分为经营性交易亏损、投资亏损。年度亏损意味着当年收不抵支，交易亏损意味着具体资产的卖价低于成本。

1. 净经营亏损

纳税人在积极参与生产经营中发生的年度亏损。与中国相同，美国亦采用结转的方式处理企业的净经营亏损。

中国允许往后结转5年，美国允许先向前结转3年，剩余亏损再可向后结转15年。

美国亏损弥补的前后时间跨度很长。前后19年的间距，可以让经营大起大落的公司与经营稳定的公司承担的税负相同，有利于税收公平。不过，由于结转时间太长，经常有企业利用账面亏损逃避缴税，造成的后果是政府收不到税。纳税人可以选择直接将亏损向后结转，当然，做出该选择后，就不能再改变了。

例十九　甲公司成立三年，前两年每年获利500000美元，第三年经营失败亏损200000美元，则第三年可申请退回前一年所交的部分企业所得税。

2. 消极活动亏损

所谓消极活动，指纳税人没有实质性地参与生产经营活动，即一年内，参与经营活动的时间低于500小时。比如，在合伙企业中，提供了资本但未参与日常管理，此为消极活动。

对个人纳税人而言，消极活动的亏损只能用消极活动所得扣除，当年没扣完的可向后结转；但是，消极活动亏损不能冲抵积极所得及投资所得。当然，企业所得税无此规定。

例二十　某甲夫妇当年劳动所得200000美元，以前，在一家合伙企业中投入50000美元作股东但未任职。该合伙企业当年亏损90000美元，某甲夫妇按出资比例承担1/3。当年，某甲夫妇联合报税时应纳税所得额为200000美元。次年，劳动所得不变，但入股的合伙企业实现盈利120000美元，则某甲夫妇联合报税时应纳税所得额200000+40000-30000=210000美元

例二十一　甲企业为一家股份制企业，有企业所得税的纳税任务。甲企业除自主经营外，与两个自然人共同成立一家合伙企业，投资比例为1：4，但未派员工进驻该合伙企业。甲企业自主经营实现盈利500000美元，合伙企业出现100000美元的亏损，则甲企业的应纳税所得额500000-100000/4=475000美元。

由母公司、拥有其80%股权的子公司组成的美国关联集团公司，

需填报联邦所得税合并申报表。合并申报时，可以用集团中一个公司的亏损来抵消另一个公司的利润，实现税负降低。这是非常简单的税收筹划。当然，美国企业在墨西哥、加拿大以外的境外所组建的子公司，则不能与其母公司合并申报联邦所得税。

例二十二　通用电气公司，2009 年税前收入 103 亿美元，却不用缴企业所得税。通用电气公司其实是由两部分构成的：通用电气资本和其余的部分。2009 年，通用电气资本在美国国内亏 65 亿美元，而在国外，赚 43 亿美元。通用电气采取堤内损失堤外补的合法方法，可以无限期地延迟缴纳国外收入的税收。2010 年，通用电气公司盈利高达 142 亿美元，按此方式，同样可以不缴纳税款。

3. 经营性交易亏损

处置资产时售价低于原价，以及意外与被盗损失可以作为经营性交易亏损。其中，意外损失指未曾预料到的突发事件，如地震、火灾等事故造成的财产价值的减少。

例二十三　甲工厂置换生产线，第一批产品成本 50000 美元，为开拓市场，按 48000 美元卖出，此笔交易亏损 2000 美元。

4. 投资亏损

买卖股票、债券、基金、期货等活动，卖价比买价低，为投资亏损。投资亏损只能由投资收益弥补，既可向前结转 3 年，亦可向后结转 5 年，前后跨度 9 年。对企业而言，当年出现投资失败，如果以前（3 年内）有成功的投资行为，及时弥补，可拿到退税，否则需等以后 5 年的投资成功弥补。投资失败不能影响正常的生产经营需要交的税负。

例二十四　甲企业产品销售环节盈利 200000 美元，但炒股亏了 50000 美元，当年的应纳税所得额为 200000 美元，而 50000 的亏损留待投资成功时弥补。

这个政策与中国不同，中国实行综合税制。与中国相同的是，关联方交易亏损不做扣除。另外，低价卖出某证券，一个月内再大量回购，此为虚假出售，不认可为投资失败，不可扣除，因为纳税人的经济状况照旧。这个政策的目的，是为防止上市公司操纵股票逃税。

五、税率

对不同层级的纳税人进行明确划分，可以体现公平的原则。企业所得税与联邦个人所得税一样，采取超额累进税率，在特朗普减税前，美国最低税率 15%，最高税率为 39%，分八个级次，平均税率为 35%。加上州政府的附加税，实际税率还会更高，大大超过了经合组织成员国平均 27.8% 的企业所得税率。综合联邦、州和地方政府，2016 年、2017 年美国的企业所得税的平均税率都是 38.9%。在经合组织国家中，美国的所得税税率是最高的；在世界上，位列第三，仅低于阿拉伯联合酋长国和波多黎各。如此高的税率，使美国的企业，在国际上与其他国家的企业竞争时，处于劣势。

目前，美国的企业所得税收入占联邦税收收入的比例只有 10% 左右。高税率并未带来高收入，产生如此怪象，原因很多。

首先，美国的直通业务（pass - through businesses）目前很流行，其收入几乎是 1980 年的三倍。直通业务所带来的收入，仅需在企业主个人所得税的申报表中体现。与直通业务的蓬勃发展形成鲜明对比，公司部门的税收收入日益萎缩，直接导致企业所得税的收入占比下降。而直通业务的兴起，与美国个人所得税的税率大幅度下降有着密切关系。个税税率下降后，直通业务的税负相应下降，直通业务在税收筹划上的可行性提高，导致税源的流失。

其次，美国的企业所得税的高税率仅为名义税率，其实际税率远未达到这一水平。由于其他国家税率较低，一些盈利能力很强的美国公司，通过关联交易、转让定价等的手段，让避税天堂成为利润的实现地。美国部分的跨国公司甚至将其生产经营活动迁移至税率较低的其他地区（如爱尔兰），造成美国的税基减少，进而引起国内就业岗位的流失，给社会稳定及经济增长带来不利影响。

再次，海外收入回流制度有缺陷。根据美国政策，企业只需按国库券的年利率缴纳年利息，则可递延缴纳海外收入部分应缴纳的企业所得税（前提是这些收入必须用于再投资或者政府指定项目）。这一规定，导致大多数跨国企业都将国外收入存于国外，以避免缴纳美国高昂的企业所得税。如2013年，苹果公司将七成的现金存放于美国境外，免于向财政部上缴300亿美元的企业所得税款。

六、特朗普对企业的减税计划

目前，特朗普的减税除个人所得税外，还有针对企业所得税的减税政策。

取消供选择的最小税（Alternative Minimum Tax，AMT）。AMT是针对个人所得税与企业所得税的一种补充，有的学者将它理解为可替代税。由于个人所得税、企业所得税均有非常多的优惠政策，造成利用税收筹划避税的可行性非常高，税源流失严重。针对如此困境，再开征一种可替代税，可以适当缩减优惠政策，减少纳税人利用优惠项目避税的行为。

特朗普取消AMT，实质上是从政府层面鼓励税收筹划。特朗普的减税方案将企业所得说税率降到了15%～20%，幅度非常大；另外，建立属地纳税制度，即对海外收入不再征税，而对于原先数万亿未完税的海外收入，则一次性征税10%，为美国企业在海外的巨大利润回流扫清了障碍；调整企业所得税的税前扣除项，拟将企业投资支出（可能包括土地）由现在的按折旧年限逐渐扣除的方法改为一次性扣除；撤销对特殊利息的税收优惠。对富人最有利的减税方案，这一方案还有废除遗产税。现在，参众两院已核准其减税方案，将鼓励美国企业的再投资与全球化，吸引更多的投资流入美国。

特朗普减税计划在美国国内一直有反对的声音，认为其减税方案是为富人设计的，政府税收将大幅度减少，从而降低对穷人的转移支付，贫富悬殊进一步扩大。

在国际社会，许多人认为其可能引发全球性的减税竞争或者新兴市场的货币贬值。全球企业和资金大规模流入美国，这是新兴市场不得不重视的外部金融风险。在其他国家政府的宣传中，对特朗普减税的解读是比较负面的，甚至被认为是一个大阴谋。

对此，中国政府的应对非常及时，中国的降税力度同样很大，而且比美国更早实施降税，因为中国政府的执行力更强。

当然，特朗普减税计划有非常多的积极效应。

在全球化市场中，企业与富人在流动，政府和穷人不可能流动，各国的税收制度必然要面临着全球性税率变化的挑战。显然，这并非穷人与富人之间的问题，而是征税人和纳税人之间的问题；而政府，作为征税者，所面对的是纳税人整个群体，该群体既有富人也有穷人。所以，全球化市场将“税赋”变成“税负”，即通过税收杠杆吸引更多的海外企业和富人移民。如新加坡，该国没有遗产税，只有属地税，按特朗普的减税方案，则美国和新加坡的税制趋同，那么，美国富人（如罗杰斯）还需要移民新加坡吗？再有，全球富豪约40%已移居瑞士，其中有车神舒马赫、网球名将贝克尔，还有宜家的创始人坎普拉德等，原因很简单，瑞士税制以消费税为主，征税标准基本不考虑居民的海外资产和收入。

至于对国际社会的正面影响，读者不妨回顾历史。

上一次美国大规模的减税计划，是在20世纪80年代里根执政的时期。其时，美国经历了二战后的凯恩斯主义，人为刺激需求时期，经历了20世纪70年代的石油危机，美国经济陷入滞胀，面临有效需求不足，通货膨胀高企等诸多困境。里根采用大规模减税、紧缩货币供应的措施，处理经济滞胀问题。

上一次的减税，直接给美国带来了长达20多年的经济繁荣周期，并且，美国经济的溢出效应带动了亚洲四小龙（中国香港、中国台湾、韩国、新加坡）的经济腾飞，拉动了全球经济的增长。1984年，扣除通货膨胀因素，美国经济增长达到6.8%；那时候，美联储奉行紧缩货币政策，控制住了通货膨胀。后来，在美国的带领下，全球经济进入了低通胀高增长的黄金时期。

目前，全球经济有效需求不足，产能闲置过剩，特朗普面临的困境，与里根差不多，不过现在的通胀压力很小，主要面临的是巨额的债务问题。特朗普不仅供给端大规模减税，提高居民储蓄和购买力，增加有效需求，另外，还进行需求侧扩张，推行万亿美元的基础设施投资更新计划。减税能够刺激经济增长，恢复经济活力。特朗普政府表示，希望新税改能达到将美国经济重新带回3%以上的增长目标。根据CNBC（美国NBC环球集团持有的全球性财经有线电视卫星新闻台）对全球企业的CFO（财务总监）做的问卷调查，企业减税方案获得的回馈最为正面。笔者认为，税率降低，将会极大地提高注册地在美国的企业的竞争力。至于为避税将总部迁往爱尔兰等国家的行为，也就是常说的企业反转现象，也会大大减少。

美国税改很可能会引发全球性减税浪潮。

英国已正式批准了进一步下调企业税的政策，承诺到2020年将企业税下调至17%。欧盟各国，尽管对美国税改持反对态度，但同时也在紧锣密鼓地筹谋自己的减税方案。换言之，特朗普减税的鲶鱼效应，可能会带来全球结构性改革的新浪潮。而结构性改革，是 G20 杭州峰会时，各国已达成的共识。从 2008 年金融危机以来，主要经济体均采取注入大量流动性的方式阻止经济危机的蔓延。这种方式，确实带来了经济复苏与股市长达 8 年的牛市，但是也造成了贫富分化加剧与债务危机，经济复苏的趋势难以持续。所以，必须推动结构性改革，扩大有效供给。

减税计划需面对的风险，是加大美国财政赤字。

减税，本质上就是一种被动的财政刺激，以少收税的形式补贴企业。据美国税收基金会测算，新税改对未来十年内联邦财政收入的静态影响，是减收 4.4 万亿 ~5.9 万亿美元。但是，目前的美国政府债台高筑。TPC 认为，到 2020 年，特朗普的所有减税计划将使国债增加近 1 万亿美元，这是特朗普计划的最大风险。笔者认为，如果国会核准减税，特朗普政府能够挺过税改方案实施之后两三年左右的剧烈财政冲击，美国经济峰回路转的可能性非常之大。

第四节 联邦消费税

1789 年联邦消费税（Excise Taxes）开征，一开始屈居第二（关税第一），南北战争期间，联邦政府扩大了消费税的范围，消费税收入增长迅猛，一度成为主体税种。随着所得税与工薪税的开征与发展，消费税比重逐步下降，其地位日渐式微，目前，仅占联邦政府财政收入的 4% 左右。以 2004 财政年度为例，联邦消费税收入约占联邦总税收的 3.7%，占国内生产总值的 0.6%。货物税是消费税的一种形式，它是为消费某些特定货物和服务不是对收入征收的税。消费税有联邦税，同时，各州亦全部开征不同税目的消费税。

一、税目

目前，按照课征范围的宽窄，国际上通用的，将消费税分为三类，即有限型消费税、中间型消费税和延伸型消费税。

有限型消费税的课征范围主要有：酒精饮料、石油制品、烟草制品以及机动车辆等传统的货物种类。有些国家，有限型消费税的课征范围还包括酒、糖、软饮料、盐等某些食物制品，以及钟表、水泥，等等。美国、英国等国家采用有限型消费税。而德国、波兰、卢森堡等国家，采取中间型消费税，其课税范围除了有限型消费税所涉及的种类外，还包括了谷物、牛奶制品，以及化妆品、香水，等等。至于日本、印度、越南、韩国等国家，则采用延伸型消费税，其课税范围更加广泛，除了上面提到的那两类国家的税目外，还包括了电视机、音响等电器设备，摄影器材以及木料、板材等木制品，等等。

一般来说，一国对消费税税目的规定，大多是基于本国特定时期的经济政策来制定的，以此来引导消费方向、调节消费结构，最终影响生产结构。据各国的消费税税目统计，糖、软饮料及其替代品是最广泛的课以消费税的食用产品，共有 65 个国家征收；29 个国家对盐征收消费税，27 个国家对化妆品、香水征收消费税。

美国国内收入法典将消费税分为 39 个税目，涵盖了燃料、环境税、通讯、运输、外国保险、卡车拖车挂车等车辆、制造业、烟草、赌博、酒类、港口税，等等；而且，每个税目还包含了众多子目，征税项目有大大小小几百种，十分繁杂。

如制造业这一税目中，便包括煤、石油、大排量汽车、轮胎、疫苗、运动渔具、弓箭、化学品、醇类、枪械弹药等产品的制造、进口、生产或使用；环境税，主要针对在美国境内制造、初次使用和进口破坏臭氧的化学品的各类单位征收，而且，任何单位均无权免纳环境税，即便联邦政府，亦无例外；至于酒类，蒸馏酒、果酒、啤酒在生产与进口时交消费税，在生产环节不交消费税的酒类，则需要在运输、销售、使用环节交消费税。

此外，美国国内收入法典还规定，酒精饮料税目由国家专卖和财政垄断，对这类危害身体健康物品的限制上升到了国家的高度，方便统筹管理，此政策值得中国借鉴。

另外，美国、法国等 OECD 国家都根据本国国情通过立法有针对性地来征收消费税。例如美国征收的汽车燃料税（Automobile Fuel Tax）以及美国、法国等 OECD 国家征收的二氧化碳税（Carbon dioxide Tax）都是一种消费税。设计汽车燃料税的目的，是希望用税收来代替收取公路费，以减少征收成本，从而达到政府调节消费结构、筹集公路建设资金的目的。

美国消费税的另一个特色是专款专用，对许多课税项目征收消费税而形成诸如高速公路信托基金、机场和航线信托基金、硅肺残疾信托基金等特定的基金，用于联邦政府对相关项目的支出。上述这三类基金的数额，约占消费税收入的 60% 左右。

二、税率

美国的消费税，属价外税，从价计征或从量计征。

从价计征消费税的有环境税，通讯税，卡车、挂车、挂车底盘与车厢、拖车，外国保险，未被注册的债务合约，港口税，赌博，制造或进口运动渔具，捕鱼用的船用外挂推进器与电子声呐装置，弓箭，枪械弹药。

从量计征消费税的有酒类，烟草，大型汽车，燃料税，制造或进口疫苗、高速公路使用的轮胎、普通化学品、石油、不作为燃料使用的醇类、大排量汽车。

至于运输业的消费税，有从价计征和定额税两种情况。如船运客人适用3美元/人的消费税，而空运货物适用比例6.25%的消费税，而空运乘客往返乡村机场适用比例为7.5%的消费税，空运乘客国内、国际出发时适用定额税（定额税率逐年有提高）。而煤，地下贮藏的煤适用的消费税为下列两数取其低：1.1美元/吨，售价的4.4%；地表贮藏的煤适用的消费税为下列两数取其低：0.55美元/吨，售价的4.4%。

中国的消费税属于价内税，从价计征或从量计征，烟酒甚至适用从价加从量的复合税。

目前，以美国为首的世界各国税制改革的一个共同特点，是由过去强调直接税转向直接税和间接税并重，甚至偶有偏重间接税的趋势。

各国在商品税收的征收改革中，重点放在了消费税的改革上，尤其是在税率方面的改革尤为突出。

自20世纪以来，在美国的带动下，其他国家也纷纷加入税改行列。

比如，提高石化产品税率，提高酒税税率，提高烟税税率等的英国增税方案；提高保险税税率、提高烟税税率等的德国增税方案；以及提高狩猎税税率、提高烟税税率等的澳大利亚增税方案，等等。这些调整，说明开征消费税的国家，其税率有上调的趋势；反映了各国更加关注民众的身体健康，对香烟、烈酒等对身体有害的消费品调控力度加大。

从当今消费税的发展趋势来看，已经愈来愈凸显其配套性商品劳务税的性质，其特殊调节税的功能日趋明显。在日本、意大利、比利时等国家，消费税已有一部分撤其功能而进入增值税的课税范围，尤其是日本，虽仍名为消费税，但其本质上，已是一种增值税了。

第五节　联邦遗产与赠与税

遗产税是一个国家、地区对死者留下的遗产征的税，亦称作“死亡税”。

4000多年前的古埃及，为了筹措军费，埃及法老胡夫开征了遗产税。近代，遗产税始征于1598年的荷兰；其后，英国、法国、德国、日本、美国等国家均相继开征了此税。当时，各国开征遗产税的主要目的亦为筹措战争经费，故而战后即停征。直至20世纪，遗产税才逐步成为一个固定的税种；其征税目的，亦转变为调节贫富差距，大大地削弱了其增加财政收入的功能作用。

各国的遗产税，大多和赠与税联系在一起，进行设立和征收；如果征收得当，对防止贫富过分悬殊，增添政府和社会公益事业的财力有一定的作用。借助遗产税，可以减少不劳而获“接力”传富的行为，进而实现代际接替的平等化，防止富人的下一代过度地赢在起跑线上。而且，征得的遗产税款可以增加政府的收入，对弱势群体进行补贴，借以增进社会的整体效益。

目前，全球共有114个国家开征遗产税，其GDP总量占到全球总量的70%以上；OECD的成员国中，更是有91%的国家开征遗产税。

世界上，遗产税制度大体上可以分为以下三种类型：

1. 总遗产税制

总遗产税制，是对财产所有人死亡后遗留的财产总额进行综合课征的遗产税。遗嘱的执行人或遗产管理人作为纳税人，有起征点的规定，一般采用超额累进税率。征税时，不考虑亲疏关系与继承人的个人情况。在表现形式上，总遗产税制采用“先税后分”的方式。美国、英国、中国台湾地区等国家和地区都实行总遗产税制，新西兰、新加坡、中国香港地区亦曾使用过该税制。

2. 分遗产税制

亦称继承税制，是对各个继承人分得的遗产份额进行分别课征遗产税的税制。其纳税人为遗产继承人，形式上表现为“先分后税”，亦采用超额累进税率。日本、法国、德国、韩国、波兰等国家实行分遗产税制。

3. 总分遗产税制

总分遗产税，亦称混合遗产税，本质上，是将前面两种税制相结合的一种遗产税制。具体操作时，先对被继承人的遗产征收总遗产税，再对继承人所得的继承份额征收分遗产税，表现形式为“先总税再分税”，两税进行合征，互补长短。总分遗产税制兼蓄了总遗产税和分遗产税两种遗产税制的优点，先对遗产总额征税，使国家税收收入有了基本的保证，再视不同情况，有区别地对各继承人征税，使税收公平得到落实。但总分遗产税的最大缺点，是对同一遗产征收两次税收，有重复征税之嫌，造成了遗产税制的复杂化。

为了吸引投资和资金流入，近几十年，许多国家和地区纷纷停征遗产税。具体可见第四章内容。

至于美国，联邦政府在 1862—1870 年，1898—1902 年分别征收遗产税，1916 年正式开征遗产税，1924—1925 年停征，1932 年遗产税立法，1976 年遗产与赠与税合并，1977 年开征隔代转美国的财富转移税（Wealth Transfer Taxes），包括上述遗产与赠与税、隔代转移税。美国遗产税，时征时停，税率起起落落，起征点亦随通胀变化而不断浮动；但总体趋势为提高遗产税的起征点，降低税率。

在 1999 年和 2000 年，美国国会曾两次通过废止遗产税的法案。但出人意料的是，反对取消遗产税的居然是比尔·盖茨的父亲、沃伦·巴菲特、索罗斯等120名亿万富翁。他们联名向美国国会递交请愿书，反对取消遗产税，并在《纽约时报》上刊登广告：Please tax us（请对我们征税）！美国富豪之所以会写这样的请愿信，也算是美国主流价值观的体现。他们认为，取消遗产税会使他们的孩子不劳而获，令他们的人生失去为社会创造价值的动力，这有悖美国崇尚自我奋斗的社会理念。

以下介绍美国联邦遗产与赠与税的相关政策。

一、毛遗产

美国采取总遗产税制，先总后分，纳税人为遗产的执行人。毛遗产指死者留下的全部财产，具体而言，包括动产与不动产，有形与无形资产，以及死亡时的财产利息，夫妻共同财产，人寿保险、年金、退休计划收入，行使委派权的财产，财产的使用与行使权，甚至包括去世前三年转移的各类财产。其财产价值按公平市价确定。

夫妻共同持有的财产中，若双方均为美国公民，则按50%计入毛遗产；若配偶为非美国公民，则按100%计入毛遗产。去世前三年转移的各类财产，每年超过规定限额的，计入毛遗产。当人寿保险、年金、退休计划收入超过规定限额时，计入毛遗产。这里所讲的规定限额，每年会进行指数化调整，总体趋势是数额提高。

至于公平市价，在中国亦指公允价值。公平市价一直处于变化之中，因此，估价日期需确定下来。可以以死者的死亡日为遗产的估价日期，亦可以以死者死亡后半年内的财产分配日、交易日、销售日等其他日期作为估价日期。具体的估价日期，纳税人在第一次申报时必须选择，而且，一旦选定则不得更改。

估价标准，因资产特征各有千秋，股票、债券一般以中间价为市价，无售价的以买价为市价，而美国储蓄债券，共同基金（Mutual Fund）份额，均以偿还价为市价；国库券，若市价低于面值，以面值计价。经营企业的权益，参照有意购买方所出的买价。不动产，若其占毛遗产的50%以上，且死者为美国居民，则可用特殊的估价方法进行估价，不用公平市价；而用特殊的估价方法比用公平市价造成的毛遗产减少的额度，不得超过750000美元。

二、赠与金额

赠与计税的范围，当财产实现了真实移交，赠与生效，计税义务产生。赠与财产按移交时的公平市价确定。

三、扣除项目

1. 捐赠扣除

捐给政治机关用于公共目的，捐给退伍军人组织，捐给信托管理者、兄弟会用于宗教文化或保护儿童、动物的资金可以进行捐赠扣除。

2. 婚姻扣除

针对遗产税，死者配偶可得到的遗产从毛遗产中扣除；针对赠与税，向配偶的赠与，可全额扣除。

3. 费用扣除

包括死者的丧葬费用，管理者的佣金、律师费，取得遗产的费用，死者应交的税金与未还的债务及各种意外损失。

4. 抵免额

赠与税有每年的抵免额，俗称起征点。2000年时，这个数据为10000美元，2017年为14000美元，夫妇两个就是28000美元。如果当年赠与任何人低于14000美元，即使赠与了100个人，也不需要申报，更不需要缴税。

对美国税务居民而言，除了年赠与额度14000美元以外，每个人一生中还有5490000的遗产税减免额度，夫妻双方则为双倍。换言之，如果当年赠与一个人 30000 美元，则其中 14000 美元计入当年赠与税的免税额度，剩下的 16000 美元则累计记入 5490000 美元的遗产税免税额度。这个，是 2017 年的数据要求。如果是美国的非税务居民，则遗产税免税额度仅为 60000 美元。

遗产税的起征点每年均有动态调整。比如，2001 年，个人遗产税的起征点为 675000 美元，夫妇为 1350000 美元；2002 年，个人遗产税的起征点为 1000000 美元，夫妇双倍；2009 年，个人遗产税的起征点为 3500000 美元，夫妇双倍；2010 年，停征；而到了 2011 年，个人遗产税的起征点改为 5000000 美元，夫妇是 10000000 美元；2012 年，个人遗产税的起征点改为 5080000 美元，夫妇双倍；2013 年个人遗产税的起征点改为 1000000 美元，夫妇双倍；2015 年个人遗产税的起征点改为 5430000 美元，夫妇双倍；2016 年个人遗产税的起征点改为 5450000 美元，夫妇双倍。

一直以来，美国吸引着来自全球各地的移民。但是，近几年有所变化。2013 年是“告别美国”具有里程碑意义的一年。据统计，2013 年，放弃公民身份的美国人、缴回绿卡的长期居民，人数飙升至 2999 人，创下历史新高；这个数字比 2012 年的 932 人暴增了 221%。对于华人来说，美国国籍，已然变成了一座围城，外面的人想进去，里面的人却想出来。“告别美国”情况的发生，与税收不无关联。

四、税率

美国联邦遗产税实行超额累进税率，详见表 2 - 9。

表 2-9 美国联邦遗产税的累进税率表

级数	应纳税遗产额	税率
1	0~1 万美元	18%
2	1 万~2 万美元	20%
3	2 万~4 万美元	22%
4	4 万~6 万美元	24%
5	6 万~8 万美元	26%
6	8 万~10 万美元	28%
7	10 万~15 万美元	30%
8	15 万~25 万美元	32%
9	25 万~50 万美元	34%
10	50 万~75 万美元	37%
11	75 万~100 万美元	39%
12	100 万~125 万美元	41%
13	125 万~150 万美元	43%
14	150 万~200 万美元	45%
15	200 万~250 万美元	49%
16	250 万~300 万美元	53%
17	300 万美元以上	55%

财富余存越多，后代缴税的压力也会相应增大。

五、税收筹划

例二十五 某甲是中国人，早年以自己的名义购置了 20 栋美国别墅，但其后几年，企业倒闭，2017 年，某甲身亡，其子某乙飞往美国处理别墅，却历经坎坷。

令某乙惊奇的是，某甲在纽约州和马萨诸塞州的四套房子，里面已经被别人住上了。原来，某甲持有上述房屋多年，却没有过来居住，也没有安排当地中介负责照看经营，结果拖欠了多年房产税。

因为欠缴房产税，所以，房子被政府拍卖了，某甲当初花下巨额资金买下的房子，却早已住上了别的家庭。由于某甲并没有获得美国身份，所以某乙想要继承他的这些美国房产，并不能享受到549万美元的美国人遗产税免税额度，仅仅能享受到可怜的6万美元的免税额度。这对于16套美国别墅的价值总额，无疑是杯水车薪。

某乙万万也不会料想到，父亲当年花钱买下的别墅，被人占几套了不说；想要继承父亲的遗产，还得先给美国国税局“上缴”一笔巨款。本以为能保自己衣食无忧的20栋父亲留下的美国别墅遗产，却成了一个巨大的难解之题。

美国虽然对非美国公民的遗产税收，恶意大了一点；但是，就算加入美国国籍，照样做不到一劳永逸。

美国对自家公民是对人不对税。虽然2017年美国公民的遗产税起征点是549万美元/人起征，但如果该美国公民是在全球范围内拥有资产的，那么其全部身家都要缴税。

第六节 特朗普税改

一、美国税收发展史

17、18世纪，英属北美殖民地的地方和殖民地（provincial）政府开始征税，以资助学校、修路、军事和执法，甚至资助教会。各市县根据土地、牲畜的所有权，向成年男子征收财产税；有财产的成年男子另为其奴隶、仆人和雇工缴纳人头税。有些地方还向医生、律师和其他职业者以及手工工匠征收额外税。各殖民地就进口自欧洲和西印度群岛的货物征税，有些殖民地就特定种类的出口货物征税，如烟草和毛皮等。许多殖民地就酒类向酒馆业主征收消费税。

英国向北美殖民地增加征税是引起北美革命的主因之一。1764 年英国议会通过《食糖法案》，并对该法案严格执行；一年之后，英国议会通过了《印花税法案》。这两种税在殖民地居民中引起了公愤，发生了暴动和抵制英货运动，迫使英国议会于 1766 年废止了印花税法案。

1767 年，英国议会通过了《汤曾德法案》（又译《汤森法案》），就北美殖民地的多种进口货物（玻璃、铅丹、铅白、油漆、纸张和茶叶）征税。殖民地居民以暴力示威回敬，并且再次开展了抵制英货的运动，1770 年英国废止了除茶叶税之外的一切税目。1773 年英国议会通过《茶叶法案》，取消了英格兰的茶叶进口税，但保留了北美殖民地的。此做法激怒了北美爱国者，发生了波士顿倾茶事件。1775 年，北美殖民地和英国开战。

1781 年开始生效的美国第一部宪法——《邦联条例》没有赋予邦联政府以征税的权利，邦联政府的岁入，依赖各州捐赠。

随着 1789 年《美利坚合众国宪法》的批准生效，联邦政府获得了征税的权力。

二、税改理由及目标

提及特朗普税改，需要考虑以美国为首的发达国家不断推进收缩政策的背景。

战略扩张是美国的强国之路。美国自建国伊始至 19 世纪 70 年代，从 13 个州一路向西，奠定了美国的版图。在肆无忌惮的全球扩张中，美国除了在朝鲜战争、越南战争中败于中国之外，几乎一路凯歌高奏。

二战之后，美国战略扩张建立在以下基础之上。

其一，以美元为核心的强大的经济实力。仅据2014年的资料，当年，美元占据全球货币支付市场的份额超过62%，欧元约占33%，日元占有4%的比率，英镑占据3%的市场额度，而人民币约占全球支付货币市场2%的份额。

其二，以高科技武装起来的强大的军事实力。现代国家之间的战争，最重要的制空权，科索沃战争中首次出现没有陆军参与就可以取得胜利的战争。与美国相比，目前，全球还没有出现能望其项背的空战军机。

其三，以共同防御为基础的强大的盟友体系。借助向欧洲国家和日韩摊派更多军费，美军得以重新完成全球部署，将60%以上的兵力部署在太平洋区域，遏制和围堵中国；同时对伊朗和俄罗斯进行经济制裁。

近几年，有不少观察家认为美国开始了一轮新的战略收缩。

所谓“收缩”政策，一则，降低在国际政治等事务上的干预程度，减少国际公共服务和产品的提供，比如美国宣布退出“巴黎协定”；二则，加大国内经济、贸易保护力度，比如增加贸易关税，进行“双反”等调查。

认为本国的国际绝对影响力和竞争力相对下降，特朗普政府强调“美国优先”，并且在政治、经济、国际事务上多重收缩。

特朗普税改是美国当前进行的一系列收缩政策的一部分。

唐纳德·特朗普在竞选期间曾多次提及大规模税改计划，作为其经济政策的核心之一。该税改计划涉及在美国的所有企业和个人，整个减税规模高达4.4万亿美元，是自里根时代以来最大规模的税改。

2016年9月，特朗普明确提出了税改的四大目标：简化税制、降低公司税、为中产阶级减税、鼓励美国企业将囤积在海外的利润汇回国内。特朗普于 2017 年 8 月 30 日公布了其税收改革的目标，并希望通过实现税改目标来提振美国实体经济。

给企业减税，是特朗普税改最鲜明的内容，理由广为人知——在 OECD（经合组织）国家中，美国企业所得税税率最高，边际税率为 35%，综合税率为 38.9%。而其他 OECD 国家不断减税，美国税率却一直居高不下，造成美国对国外企业的吸引力下降，大量美国企业迁移海外。

史蒂文·姆努钦介绍，税改的核心原则，是让企业更具竞争力，让美国企业将境外利润投资于美国，以创造就业。据瑞士银行统计，微软的境外利润高达 1240 亿美元，苹果紧随其后，为 1098 亿美元。为鼓励美国公司将境外利润带回美国，征税体系由属人制变为属地制，大幅降低了境外利润的回流成本。此外，企业所得税率的大幅降低，将增加企业盈利，促进企业投资，进而增加就业。

竞选时，特朗普曾多次把美国当时的税法称为巨大的“自残式的经济损失”（giant self - inflicted economic wound）。企业税负高，只是美国经济的一个“自残”方式。

美国极为繁复的税法也属“自残”。特朗普曾表示，90% 的美国人需要依靠专家来帮助他们报税。单是指导居民报税的说明，就长达 241 页，而 1935 年时仅为 2 页。

繁复的报税让美国人负担沉重，税改前，纳税人每年花在税法合规上的时间高达 60 个小时，合规成本高达 2620 亿美元。导致不少低收入者对税法不了解，又雇不起专业人士，反而无法享受减税优惠。

申报的简化详见表 2－10。

表 2－10　纳税申报表主要项目对比　　单位：项

栏目名称	税改前	税改后
收入项	16	1
扣除项	15	5
减免项	19	3

三、复杂的程序

美国税收立法程序需要经历以下阶段：行政部门准备提案；众议院辩论；参议院辩论；对众参两院的协调；总统意见；国会对总统意见的表决。

2017 年 4 月 27 日，白宫正式公布特朗普此前宣扬的税改法案；10 月 5 日，众议院批准 2018 年预算决议，税改首次取得实质性进展；10 月 20 日，参议院表决通过了 2018 财年预算案，这是联邦税制改革的一个重要里程碑；10 月 26 日，由于参议院对议案有修正，众议院再次投票，以 216 票对 212 票批准了 2018 财年预算案，采纳参议院通过的预算提案，允许联邦政府在未来 10 年新增 1.5 万亿美元赤字，真正为税改的顺利通过铺平了道路。

2017 年 11 月 17 日，众议院版本税改议案获得通过，投票结果为 227 票赞成、205 票反对。12 月 1 日，参议院版本税改议案获得通过，投票结果为 51 票赞成、49 票反对。

此时，众参两院的版本主要内容：一是在个人所得税方面，众议院版本将联邦个人所得税税率从 7 档简化为 4 档，最高联邦个人所得税税率维持在 39.6% 不变；参议院版本仍维持联邦个人所得税税率 7 档，但最高联邦个人所得税税率降至 38.5%。二是将企业所得税率从 35% 大幅降至 20%；对跨国企业囤积在海外的 2.6 万亿美元利润，只需一次性缴纳 14% 便可合法汇回美国。三是将目前的全球征税体制转变为属地征税体制，对海外子公司的股息所得税予以豁免；为限制避税，针对跨国企业新增了20%的“执行税”。

美国参众两院税改方案存在较大不同。参议院版企业税率从35%降至20%，2019年生效，而众议院希望2018年生效。在个税上，参议院版保留7个级别的税率，以12%的税率取代目前的15%税率，最高税率略有下降，而众议院希望将税率由7个级别降至4个。此外，参议院主张将遗产税的豁免额翻倍，并非消除，而众议院计划在6年后废除遗产税。

针对两个税改法案，接下来，参众两院进行了协商，并且在15天内迅速达成最终版本。2017年12月20日，美国众议院二次投票通过税改法案，启动了31年来未有的税法改革。

民主党参议员将众议院呈上的税改方案称为“垃圾”，他们认为：美国企业已经坐拥大量现金，减税并不能激励他们投资和生产，因为他们向来不乏财力，却一直没有行动；选择用税改带来的收入增长回报股东，对企业减税，既无法刺激经济，也无法增加就业；这不是“对中产家庭减税”，而是83%的减税流向了1%的最富有的人群，却不奖励工薪阶层，这在道德上是错误的。

共和党参议员坚持税改刺激经济，他们认为：减税降低了企业成本、企业生产力会因此提高，吸引全世界的人愿意来美国投资；人才市场供给紧张后，就会抬高雇佣薪酬；为大部分国民减轻税负，可以增加消费；税改会带来经济增长，未来10年只需平均2.4%的经济增长率，就能够弥补财政损失。

据美国智库税务基金会（Tax Foundation）的初步分析，长期来看，税改能够刺激经济增长提高1.7个百分点，薪酬提高1.5个百分点，提供33.9万个新增就业；通过经济增长提供的1万亿美元，一定程度上，可以平衡1.46万亿美元的税改赤字；由于对个人的减税优惠将在2025年过期，预计到2027年，纳税人平均税后收入将下降0.3%，如果能够实现经济增长，长期而言，纳税人税后收入将增长 1.1%。

2017 年 12 月 22 日，美国总统特朗普在白宫签署了 1.5 万亿美元税改法案。

特朗普上台不到一年，31 年来规模最大的税改法案即获参众两院通过，这一速度，超出了很多人的预期。美国税改法案，最终在 6 个星期内匆匆达成，并且仅由共和党一党促成。

共和党此次公布的税改方案要点，详见表 2－11。

表 2－11　国会税改最终版本

项目	国会税改最终版本	备注
个人所得税	维持七档，分别为 10%、12%、22%、24%、32%、35% 和 37%。	采纳参议院版本
个税减记标准	单身人群个税减计标准提高一倍至 1.2 万美元，已婚夫妇也提高一倍至 2.4 万美元	参众两院共识
儿童税减免	提高儿童税务优惠额度至 2000 美元，可全额退还的额度提高至 1400 美元	参众两院协商后达成结果
遗产税	保留，豁免额提高一倍至 1100 万美元	参众两院协商后达成结果
医疗负担	2018 年 2019 年将医疗费用扣除额扩大大总收入的 7.5% 以上，并在 2020 年扩大至 10%。	
企业税税率	从 35% 下调至 21%，2018 年生效	参众两院协商后达成结果，降至发达国家平均水平。
企业税税率生效时间	2018 年生效	采纳众议院版本
替代性最低税	废除	采纳众议院版本
按揭贷款利率优惠	目前已有住房按揭贷款的，按揭贷款利率优惠不变；新增首次购房或购买二套房按揭贷款者，按揭利息优惠最高可达 75 万美元。	

续表

项目	国会税改最终版本	备注
海外投资税率	避免在海外投资的美国企业向美国和投资国交两次税	

注：适用最高个人所得税率的家庭，其支付的边际税率为37%。在较早版本中，众议院和参议院版本税改案都将年收入介于60万美元和100万美元之间的夫妇适用税率定为35%。

对年收年超过100万美元的夫妇的税率，原本参议院版本的最高税率是38.5%，众议院版本是39.6%，最终下调到37%。

四、税改内容

共和党税改最终方案的主要内容如下。

1. 对企业减税

企业所得税：从2018年1月起，将企业所得税税率从以前的35%下调至21%。废除替代性最低税，这将使企业在21%的税率基础上，还能享受各项抵扣优惠，比如研发抵扣、设备投资抵扣等，能够使企业实际税负进一步降低。

企业带回海外收入需一次性纳税：对现金类资产征税15.5%，对固定资产征税8%。这比参众两院之前的方案，都有所提高。

适用于大量小企业的穿透性税收：美国的大部分企业按照穿透性税收纳税，比如有限公司、合伙企业、个体公司等，这些企业收入的20%将免于征税。此外还包括服务性企业，比如律师事务所、医生诊所等，对于年收入达到31.5万美元的夫妇而言，获得的这20%的收入免税。

油气开采禁令：对位于美国阿拉斯加东北部的北极国家野生动物保护区（ANWR），部分解除油气开采禁令。

2. 对个人减税

个人所得税：保留7档个人所得税，但对多数税率进行下调，其中最高一档税率从39.6%下调至37%。7档税率将在2025年过期，除非国会延长这一政策。具体税率详见表2-12。

表2-12　个人所得税税率表

夫妇共同申报	年应税所得（美元）	税率（%）
	0~19050	10
	19050~77400	12
	77400~165000	22
	165000~315000	24
	315000~400000	32
	400000~600000	35
	超过600000	37
个人申报	年应税所得（美元）	税率（%）
	0~9525	10
	9525~38700	12
	38700~82500	22
	82500~157500	24
	157500~200000	32
	200000~500000	35
	超过500000	37

税改后，个人所得税的标准抵扣额度接近翻倍。夫妇共同申报，从现行的12700美元提高到了24000美元；对个人，从6350美元提高到了12000美元。

遗产税免税额翻倍。这意味着个人继承1100万美元的资产免税，夫妇继承2200万美元的资产免税，这一改革的主要受益者为富有的人群。

儿童税收抵免。年收入在40万美元以下的家庭，每位儿童可以获得2000美元的税收优惠。年收入未达到个人所得税起征点的家庭，每位儿童能够获得最高1400美元的退税。

下调最高个人所得税。将现行的最高一档39.6%的个人所得税，下调至37%。这比两院之前的计划都有所降低——参议院原本计划削减至38.5%，众议院原本计划保持不变。

废除奥巴马医改中规定个人必须购买医疗保险的政策。自2019年起，不再强制购买医疗保险。共和党可通过这一条款，动摇奥巴马医改的根基。不再为约1300万人发放补助，可以筹措约3000亿美元资金，用于支持税改的其他措施。

房屋抵押贷款利息抵扣：对于新购房屋贷款可抵扣利息的部分，上限从100万美元下调至75万美元。

针对个人的各州和本地纳税抵扣：将收入税、财产税、消费税的抵扣上限控制在一共1万美元内。

五、税改效应

1. 美国商界对税改的普遍支持

苹果公司会将大量海外现金转回美国，对美国经济的投资，计划价值3500亿美元。国会刚通过了税改法案没几个小时，美国各大公司纷纷宣布，给员工发奖金、涨工资、向慈善机构捐款和重大投资计划，争先恐后地抢占新闻头条。

根据税改法案，美国联邦企业所得税税率从35%大幅下调至21%。而且，为了鼓励企业长期投资，企业所得税的税改内容是永久的。

参照美国以往的税改案例，对企业减税将有助于提振企业利润和刺激投资增长。1986年10月企业税率降低后，第二年企业利润同比增长53%；同样的，在小布什期间，企业利润增速也从-6%跃升至38%，这两个时期的减税对企业盈利起到了提振作用。历史数据表明，对设备投资的抵扣可以促进企业投资，1984 年美国私人投资增速飙升，之后，虽因当年再度加税而回落，但也高于减税前的水平。

另外，根据此前美国税务政策中心（TPC）公布的报告分析，大企业所得税税率下调至 21%，在未来十年，可以减少企业应缴税额近 2 万亿美元。企业所得税税率的调整，将会给企业税后利润带来直接提升。

2. 吸引资金回流

特朗普税改法案对美国企业留存海外的利润一次性征税，其中现金利润的税率为 15.5%；推行“属地制”征税原则。

一旦汇回利润所得税税率下降，叠加美国投资收益上升，企业就有动力将海外留存利润汇回国内，甚至进而扩大本国投资。同时，美国加息、缩表也在稳步推进，将共同吸引海外资本回流美国。

2015 年以来，外国流入美国的资本规模显著增加，从 2000 亿暴增至 4500 亿，这和美国国内较高的资产回报率有关。美国的企业净资产回报率已高于世界大部分国家，税改实施后，美国上市企业的 ROE（净资产收益率）将从以前的 12% 进一步提升至 14.8%，在投资回报率方面的优势进一步强化，从而增强美国对全球实业资本的虹吸效应。大幅降低对海外利润汇回美国的征税税率，将促使跨国公司至少 8200 亿美元财富回流美国。

对折旧会计处理方式的改变，将刺激美国实业投资的增长。2016 年，美国设备净存量为 6.4 万亿美元，每年新增设备投资额约在 1 万亿美元。在维持现有设备投资水平的情况下，企业若将每年新增折旧所减少的税收作为在设备上的额外投入，预测税改方案中投资费用化的政策，将使得美国未来五年的年均固定资产投入额外新增约 2100 亿美元。

3. 对新兴经济体形成资本外流压力

2014 年以来，金砖五国经济增长都出现了不同程度的放缓，未来，随着资本外流压力的增大，上述国家的利率、汇率以及经济增长速度，均将面临不同程度的挑战。

4. 刺激消费

由于美国个人消费支出占可支配收入的比例相对稳定，个人所得税改革，将大幅减轻美国居民，尤其是中低收入阶层的税务负担。测算得出，税改将释放大约3000亿美元的个人消费支出。这对于内需拉动型的美国经济而言，是一剂猛药。

5. 反对之声

虽然有上述正面效应，从美国税改方案本身看，其不确定性仍然很强。

按照税收基金会的乐观估计，税改将令美国实际国内生产总值增加逾9%，实际薪酬增加8%，还能创造至少200万份新的永久的全职工作。但据美国智库TPC的报告，综合考虑总需求、劳动力供应、储蓄和投资等因素后，长期看，税改对美国经济增长的影响微乎其微。亦有不少美国经济学家，对税改提出明确的反对意见，认为税改有可能诱发更高的通胀。据美国税收政策中心估计，税改将令美国联邦收入在2017—2027年间减少2.4万亿到2.5万亿美元，在2027—2037年间减少3.4万亿美元；美国国会预算局测算，接下来十年，会因税改而增加美国预算赤字1.5万亿美元。

由此可见，美国税改即使在短期内能够成功刺激经济，吸引全球资本流向美国，使企业更愿意在美国投资，对中国等新兴国家造成竞争性“挤出”，但是，其长期效果仍然堪忧。

美国学者艾特·巴里，在比较了1954—2002年间美国的最高税率和实际GDP增速、年收入增长中值、年均时薪增长后，发现一个规律：降低个人所得税最高税率，与上述经济指标之间并没有密切关系。

在里根1981年大减税后，美国实际GDP增速在1984年达到

7.3%，但随着进一步减税，1991 年的美国 GDP 增速竟然为负；而在 20 世纪 50 年代，当时美国的个人所得税最高税率达 91%，却有两年的 GDP 增速为史上最高。

在个人收入上，20 世纪 80 年代初美国实施减税措施后，个人收入增长中值出现了一些小的峰值，但在 20 世纪 80 年代末收入增速却下降了，1993 年克林顿提高最高税率后，个人收入却强劲增长。

美国国内，对特朗普税改加剧贫富分化的质疑，则更为强烈。

特朗普强调，中产家庭将是税改的最大受益者。众议院共和党籍议长曾经表示，一个典型的四口之家将减少 1182 美元的税。但不少经济学家计算后认为，特朗普税改对富人和大企业更有利。关于此次税改，美国特朗普一直坚持中产阶级和中低收入者是最大的受益群体，而英国《金融时报》援引分析人士的话宣称，富人才是特朗普税改的最大受益者。

亦有很多美国人认为，这个税改，穷人富人都得益，就是中产阶级上半层没有得到好处。原因如下：个税起征点提高了，税率递进梯度下降了。这一点，所有人都有益处，企业税率下降，有钱的投资者得益，同时有可能（只是可能）增加就业岗位，促进就业市场加温，进而引发工资上扬。为什么说中产阶级没啥好处呢？因为，原先缴纳的州税地方税（简称 SALT）是可以从联邦税计算中全额扣除的，但现在不行了。一进一出盈亏基本相抵，有些人甚至亏不及盈，反而缴的税款更多了。

通常情况下，基尼系数处于 0.3 ~ 0.4 表示收入分配相对合理，把 0.4 作为收入分配差距的“警戒线”。一般发达国家的基尼系数在 0.24 ~ 0.36，相比之下，美国的基尼系数较高，近年来，维持在 0.46 以上，表明美国贫富差距较大。美国的主要财富，还是集中在富人手中，其中，60% 至 70% 的财富仅掌握在不到 4% 的富人手里。

2017 年 4 月，美国财政部部长史蒂文·姆努钦和白宫国家经济委员会主任加里·科恩举行发布会。史蒂文·姆努钦在发布会上表示，特朗普税改将降低美国家庭，尤其是中产家庭的税收压力。随后，《纽约时报》发表题为《特朗普的税改计划将令数万亿美元的财富从美国的保险柜中转移到富人手上》一文，表示在美国，真正被遗产税影响的只有金字塔最顶尖的那 5000 多名巨富。税改的结果，是令像特朗普这样的巨富，逃掉了一大笔税金。同时，文章还分析指出，特朗普除了在个税上把针对富人的最高档的税率下调，还进一步废除了一种让富人很头疼的“替代性最低限额税”。“替代性最低限额税”原本就是为了针对那些利用税收优惠政策躲避纳税的高收入者而专门设计的。美国华盛顿布鲁金斯学院的经济学家威廉姆·G. 盖尔估算，特朗普减税计划中 50% 的好处，流向了美国社会中那 1% 的富人。

众参两院的投票结果，亦反映出税改为共和党独立促成。按“股神”巴菲特的观点：对富人要多征税。也就是当时提出的“巴菲特税”，认为政府对富人征税太少。原因是，富人通过“资产利得税”（capital gains tax）缴纳的最高税率为 15%，而不是“普通收入税”（ordinary income tax）的上限 35%。由此看来，如何对富人征税是一个非常重要的议题。

第三章

英国税制

在国际税收制度历史上，英国起着非常重要而独特的作用，从某种意义上说，现代税收制度即起源于英国。

第一节 《大宪章》诞生，国王的征税权受限

一、《大宪章》艰难问世

1215 年，欧洲西部岛国英格兰诞生了一部旨在限制君主权力，保护贵族、教士及普通自由民权利的法律《大宪章》（Great Charter）。《大宪章》亦称《自由大宪章》，尽管这部法律的实施过程历经千辛万苦，出现过诸多反复，但它最终保证了英国社会的长期稳定、有序发展，使英国成为世界上第一个工业化国家。

英格兰民族或说盎格鲁 - 撒克逊（Anglo - Saxons）人，是一个饱受强敌欺侮和战火蹂躏的民族。在长达八九个世纪里，英格兰都处于战乱和四分五裂的状态，直到 9 世纪初，才成为统一的英格兰民族国家。公元 1041 年，英格兰人迎回了早先为躲避丹麦人迫害而逃亡诺曼底的国王爱塞烈德二世的儿子爱德华（被后来人称为“伟大的立法者”）。

由于爱德华国王没有后代，既给野心家提供了机会，亦给英格兰人民埋下了祸根。1066 年，威廉成为这个岛国的又一个外来统治者，“征服者威廉”一面残酷镇压英格兰反抗者，一面安抚贵族阶层和神职人员。海斯等人所著的《世界史》，有下列论述：“威廉一世根据《土地调查清册》和‘索尔兹伯里誓约’办到了两件事：（1）他将征税建立在有条理的基础之上；（2）他削弱了英格兰的封建制度。”

诺曼人（Normans）征服英格兰后，弃良法而不用，横征暴敛，肆意妄为，激起了英国社会的普遍不满。依靠不法手段从兄长手中抢得王位的亨利一世（威廉的幼子），在面临政权合法性危机时，为了笼络人心，这位新君主除了发誓维护法律、伸张正义外，还通过了一份宪章，但达到目的后，亨利便将这份宪章束之高阁了。终亨利一朝，这份“漂亮”的宪章几乎无人知晓、无人追问，更免谈付诸实践了。

诺曼人的残暴统治，在约翰王时达到顶峰。好不容易夺得王位的约翰专横跋扈、心狠手辣。约翰的无耻，让英国上下忍无可忍，他们成立了以大主教朗格顿为首的反抗联盟。贵族们云集伦敦，要求约翰履行继位时许下的承诺，恢复先王亨利的宪章，确认圣徒爱德华的法典。约翰不可能答应贵族阶层的要求，他请求了罗马教皇的支持。虽然，罗马教皇因为自身的利益，选择支持约翰，但已无济于事。此时英国国内的大多数神职人员和大主教站在了贵族一边。贵族阶层在教会的全力支持下，组织了一支部队，这支部队很快挺进伦敦。

1215 年 6 月，约翰被逼无奈，不得不在贵族们拟定的《大宪章》上签名盖印。1215 年 6 月 15 日，由国王约翰在伦敦西部埃格姆市郊的兰尼米德（Runnymede）草地上签署的《大宪章》，将国王及其继承人放在了法律的限制之下。用中世纪拉丁文写成的 63 条《大宪章》，为国王与其臣民的关系确立了新的法律基础。

这是人类历史上第一次为限制君王权力、扩张贵族和自由民权利而设立的法律，开天辟地、惊世骇俗。

二、《大宪章》内容及影响

《大宪章》的主要内容如下：教会享有自由选举教职的权利；规定了国王的直接封臣继承封土时应缴纳的继承金数额，规定了这些人缴纳协助金和盾牌钱的条件，并说明，如无他们同意，不得再额外征收；未经同等级者的合法裁判，对任何自由人，不得施行逮捕、监禁、没收财产、放逐出境等处分；不再发出强制转移土地争执案件至国王法庭审视的指令状，以免损害封建主的此项司法权利；组织 25 个大封建主，监督《大宪章》的执行，他们在发现国王有违反情况时，可使用各种手段，甚至包括武力在内胁迫其改正，这个条款，让封建内战取得了合法地位。

《大宪章》对骑士及自由农民的利益有一些保障。规定，不得向他们征收额外的协助金及强迫服军役；一些条文对王室官吏的暴行有所约束，减轻了王室对自由农民的压迫。《大宪章》对市民的利益亦有所保障，保证给予伦敦及其他城市以自由；统一度量衡的规定，更有利于商业流通。

不过，对于广大的农奴，《大宪章》几乎没有给予任何好处，仅仅说明对农奴处以罚金时，不得没收其农具。

约翰随即向全体郡长发出令状，命令他们责成所有人宣誓服从 25 位贵族。

自此，英国人通过一百年时间的斗争，终于从国王手中夺回了部分属于他们的权利。

大卫·休谟（David Hume，1711—1776）在《英国史》中说：“据此典宪，英格兰王国事实上已经托付给了这 25 个人。他们与国王共和而治，在执行权方面甚至凌驾于国王之上。”约翰王被迫签署《大宪章》后，向罗马教皇提出申诉。罗马教皇禁止国王承认《大宪章》，但教皇的决定，并没有让英国贵族屈服，英国教士甚至联合抵制教皇的命令。约翰王采取了报复行动，但以失败告终，本人亦死于战争。之后继承王位的亨利三世，颁布了一部保障自由权利的新宪章，新宪章基本上包括了《大宪章》的主要内容。

从此后，国王必须受制于《大宪章》所确立的基本法律原则：征税必须经过王国人民的共同协商，未经被统治者的同意，国王不能强征新的赋税。

第二节 国王“统而不治”，财税权彻底移交

一、英国革命的胜利

1263 年，英王亨利三世无视《大宪章》，指定其亲信取代具有否决权的 15 人会议。国王同贵族之间以及贵族内部出现纷争，以西蒙·德·孟福尔为首的贵族反对派在内战中获胜，他于 1265 年在威斯敏斯特宫召集会议，出席的，除遵循惯例有僧俗贵族外，还有每郡 2 名骑士代表、每大城镇 2 名市民代表，史称“孟福尔议会”（此乃英国议会的开端）。

1295 年，爱德华一世为筹集战争经费又召集议会，约有 400 余名议员出席（史称“模范议会”）。此后，议会仿此例经常召开。由于贵族议员和市民、骑士议员的利益、要求各不相同，经常不在一起开会；从 14 世纪以后，议会逐渐区分为上、下两院。上院议员不经选举，由各类贵族组成，故上院也叫贵族院。下院选举产生，贵族不得竞选下院议员，下院任期 5 年，届满全部改选。

17 世纪中期，英国已经变成海上强国。市场扩大了，财富也随之增加。同时，国内工场手工业也已经有了很大的发展。经济的发展，大大加强了富裕阶层和新贵族的势力。而上层阶级不愿自动退出历史舞台，社会矛盾非常尖锐。

1603 年，苏格兰国王詹姆士·斯图亚特继承了英国王位，开始了斯图亚特王朝在英格兰和爱尔兰的统治。詹姆士一世一登台便鼓吹“君权神授”的说法，曾三次解散议会，其他政策更令人不满。查理一世继位后，变本加厉，大肆搜刮钱财，独断专行；由于议会不同意他随意收税，他竟多次解散议会，结果形成了多年无议会统治的局面。一方面，王室生活极度腐化，挥霍无度，国家处在无序之中；另一方面，国王征收各种苛捐杂税。为生活所迫，工人、农民、城市平民、失业的手工业者，时常暴动，查理一世的专制统治，使英国社会的各种矛盾迅速激化。

查理一世为了筹划军费，镇压苏格兰人民起义，被迫于 1640 年恢复了长期关闭的议会。趁此机会，议会同国王进行抗争，起草了《大抗议书》，查理一世拒绝接受《大抗议书》，与议会走向决裂。1642 年 8 月，查理一世在诺丁汉城堡升起国王的军旗，宣布讨伐议会；在克伦威尔的率领下，议会军由防守变为主动，国王只身逃跑，并于 1646 年 5 月 5 日向苏格兰投降。第一次内战结束。

在查理一世的煽动下，1648 年春英国发生了第二次内战，3 月到 5 月，王党在伦敦、威尔士、肯特郡等地制造暴动，苏格兰军也从北部入侵。克伦威尔率领议会军，及时镇压暴动并获得了成功。8 月底，第二次内战结束。

1649 年，查理一世被推上断头台，英国成立了共和国，克伦威尔担任“护国主”，搞起独裁统治。克伦威尔去世后，1660 年斯图亚特王朝（查理二世）复辟，查理二世及其继承者詹姆士二世，疯狂地反攻倒算，使得英国人人自危，怨声载道。

1688 年，支持议会的辉格党人与部分托利党人，邀请詹姆士二世的女儿玛丽和女婿威廉（玛丽二世和威廉三世）回国执政，发动宫廷政变，推翻斯图亚特王朝的统治。这次政变，没有流血就获得了成功，史称“光荣革命”（Glorious Revolution）。

1689 年，玛丽二世和威廉三世召集议会，颁布了《权利法案》。《权利法案》全称为《国民权利与自由和王位继承宣言》（An Act Declaring the Rights and Liberties of the Subject and Settling the Succession of the Crown）。

《权利法案》的主要内容：（1）限制国王的权利，保证了议会的立法权，财政权等权利；（2）议会不但掌握制定法律的权力，还可以监督政府和决定重大的经济政策。

《权利法案》以明确的法律条文，限制了国王的权利，保证了议会的立法权、财政权等权力。封建时代的君权神授遭到否定，君主权力由法律赋予，并受到法律的严格制约。《权利法案》的颁布，标志着君主立宪制的确立。至此，英国资产阶级革命成功，人类社会由专制转向民主，由人治转向法制。

此后，一系列法案的实施，进一步使议会权力超过王权，而国王“统而不治”的君主立宪制，更加不可撼动。

英国革命为英国资本主义迅速发展扫清了障碍；此后，英国出现了长期的政治稳定局面，为社会经济的顺利发展创造了良好的环境，亦为英国开展工业革命并成为工业强国创造了前提。

二、征税权的变迁

现在在位的英国女王的头衔，全称为“天佑大不列颠及北爱尔兰联合王国和她的其他领土及领地的女王、英联邦元首、基督教护教者伊丽莎白二世”（King/Queen of the United Kingdom of Great Britain and Northern Ireland），诸多头衔，足以表明英王的地位，那时候的征税权还在英王的手中。

就法律地位而言，君主可以任免首相、各部大臣、高级法官和各属地的总督，拥有召集、停止和解散议会，批准和公布法律，统帅军队、宣战及媾和等权力。不过，君主立宪制后，英王的权力日趋表象化。在18世纪时，国王尚能运用手中的实权恩赐官职，笼络保王势力；到19世纪中叶，维多利亚女王在位期间，王权大大衰落，君主必须根据议会的意愿行使行政权力，王权逐步成为象征性的权力。

议会的职权，主要由下院行使。

1832年以前，议会的选举制度十分混乱。1832年，进行了第1次全国规模的议会改革，调整了选区，取消了一部分贵族操纵的“衰败选区”，补充或分配给新兴工业城市以议员席位；整顿了选举的财产资格。此后，1867年、1884年，又一再降低选民的财产资格限制。1872年，议会通过秘密投票法；1883年通过取缔选举舞弊法；1885年，在英国历史上，第一次确定按人口分配议席的原则。

通过19世纪中期议会这一系列的改革，资产阶级争得政治统治权，打击并排挤王权和贵族对议会的控制，使议会下院成为表达资产阶级意志的最高权力机构，促进了议会民主。20世纪以来，选举权不断扩大。现在，凡年满18周岁以上的英国公民，都享有平等的选举权。年满21周岁以上的英国臣民，经所在选区两名选民提名、8名选民同意，即可登记为候选人。候选人名单由参加竞选的各党派提出。

议会拥有立法权、财政权和对行政的监督权。

立法的程序一般是提出议案、议会辩论、经三读通过、送交另一院通过，最后呈英王批准（这只是一种形式）颁布。自18世纪初叶以来，英王从未行使过否决权。议会对行政的监督权，可通过多种方式进行。议员有权对政府大臣的工作质询；有权对政府的政策进行辩论；有权批准或否决政府缔结的条约。征税权也落入议会手中。

议会对政府监督的最重要手段，是议会有权对政府提出不信任案。如果不信任案通过，根据责任内阁制的原则，内阁必须辞职，或提请国王解散下院，提前大选。

1721 年，下院多数党辉格党领袖、内阁首席大臣兼财政大臣 R. 沃波尔，取代国王而成为内阁首脑，沃波尔内阁是英国第一届正规内阁。1742 年，沃波尔因失去议会的支持而辞职，开创了内阁得不到议会信任时，必须辞职的先例。1784 年，W. 皮特（小）首相遭到议会下院反对时，提请国王解散下院，提前大选，获胜后才继续任职，他的做法，亦成为惯例。

内阁是最高国家行政机关。

1937 年的《国王大臣法》，使内阁的名称和首相的职位有了成文的法律根据。内阁由占议会多数席位的政党组成；议会大选后，国王任命议会多数党领袖为首相，并授权由他组织内阁，批准他提出的内阁成员名单。

现代，随着英国政治制度的渐趋保守，议会在国家机构中的实际地位与作用下降，国家权力的重心逐渐转移到内阁及首相手中。制度层面，责任内阁制要求内阁对议会负责，并接受议会监督；但在现实生活中，内阁对议会负责的原则，往往变成内阁对议会尤其是对下院的控制。

在英国的政体中，立法权和行政权并不分立，议会下院是最高立法机关，但立法的实权，却被内阁操纵。实际上，绝大多数议案均来自内阁，总是在议会中优先讨论，并得以顺利通过。这样，内阁既参与立法，又负责行政，实际上，使得议会和君主都从属于自己，征税权也实际被内阁掌握。

内阁是政府的领导核心，其中心人物是内阁首相。

按惯例，首相兼任内阁首席财政大臣。在内阁出现早期，首相多由贵族议员担任，后来多由下院议员担任。近百年来，首相仅仅来自下院，现在已经成为惯例。实际上，首相既是行政首脑，又是议会多数党领袖，他集行政和立法大权于一身，控制着国家的统治大权。

第三节 税收征管体制的演变

一、专制时代的包税制

1. 包税制的优势

从税收体制而言，英国最早的时候采用包税制。

在专制集权统治时期，征收间接税估价困难、耗费巨大，不宜反复课征。为了获得稳定的岁入，国王将税收承包出去，由包税人承担征税过程中的一切风险。

包税制在古埃及、罗马共和国以及罗马帝国时期已经盛行。14 世纪，包税制在欧洲各国兴起，大约 16 世纪以后，包税制已成为欧洲各封建国家主要的课税方式。近代，各国资本主义政治体制形成之后，包税制才陆续被废除，各国政府均设置专责机关直接征税，开启了财税法治的变革，这其中有平稳演变者（如英国），亦有社会体制剧变者（如法国）。

自 1066 年诺曼征服之后，英国进入封建时期，征服者威廉要求全体贵族宣誓效忠国王。法理上，他成为全国土地的最高所有者，实现了权力的集中。自此至 1642 年内战爆发期间，英国的封建领地、爵位世代相传，建立了以私人占有职位、包税制及地方家产制为特征的财政体制。

中世纪的英国，和欧洲其他国家一样，遵守“国王靠自己生活”的信条，严格意义上的国家财政，此时并不存在，存在的只是王室财政；而王室的财政收入，主要来源就是国王私人的领地收入，具体包括王室地产收入、王室司法服务收入，等等。所以说，王室财政中的资金，来自王室土地和例定规费，即便是国家发生战争，君主也必须获得议会同意，才可征收某种“临时性的税收”。

后来，英王依靠其全国最高封君的身份得到的财政收入，常常不够王室开支，征税不可避免。为保障国家安全和社会稳定，14 世纪以后，税收便从临时缴纳变为常规化缴纳；英王发现，包税是一种高效、便宜的财政汲取手段，并迅速将其应用在关税、消费税等间接税种中，以解决财政的燃眉之急。为增加王室财政收入，国家自觉地促进资本主义的发展，由于商业财富的高度流通性，此时，掌握税源和税收经验丰富的商人，能够更有效率地对商业财富征税，因此，国王在征税时开始主动与商人合作。

2. 包税制中的政治权力博弈

根据掠夺性统治理论，包税制中的政治力量博弈，体现在包税主体相对议价能力的变化之中。国王、议会、包税人，这三方为包税主体，各自的政治权力在动态中实现均衡，最终形成的包税契约。包税契约不仅约束着包税的商人，亦控制着国王及其代理机构（政府）的税收行为。

由议会所主导形成的税收契约主义，将国王及政府的包税行为置于法下，包税契约是统治者与包税人的契约，其成立必须有两个前提：一是国王有课税权，二是包税人有充足的资本。一方面，包税制让国王摆脱了税收管理负担，国王及政府可对每年的财政收入进行准确预算；另一方面，包税制成为放弃国家财产、国家征税权力的体现，因此，包税制的盛行，进一步削弱了国王和政府的权力。

议会是有税收批准权的全国性组织，在议会形成初期，国王获得征税权是较为容易的。因为势单力薄，议会很少会成为政治中的反对力量，有时，强大的王权甚至会迫使议会授予国王终身课税权，而至于采用何种方式征税，议会则无权干预。而国王为了让议会同意其开征税收，势必会一再妥协，放弃一部分政治权力，进而导致议会的议价能力增强。

工业革命后，工商业的发展，促使英国的包税人从原来的商人、封建贵族逐渐转变为社会政治精英或垄断公司，商业巨头开始在各级议会中参与政治协商，并在政治、法律上维护包税人的利益，而与之相随的，是国王及政府的议价能力逐步减弱。

16 世纪开始，英国实行重商主义政策，目的是国家参与资本主义经济发展，以垄断、专卖等方式，增加王室财政收入。重商主义政策下，一切经济活动都是“特许”的，包税亦成为一种“特许”的商业活动。这种特许权有时表现为垄断，有时表现为对商业实行的全面控制。

包税，为包税人创造了惊人的利润，金融资本家成为国家的债权人，大资本家、包税商或直接参与政府的管理，或具有左右政府的势力，凭借这种特殊地位，他们获得了尊敬和权威。

3. 包税制的衰落

光荣革命后，社会阶级的结构发生巨大变化，新兴资产阶级在国家的财政政策上，开始拥有更多的发言权，并要求进行税制革新。包税制自此式微并逐渐被废除。

随着资本主义经济的成熟，通过承包的方式课征商业税收显得十分专制、落后，此时，如果国家再将征税权出让或者抵押给他人，使包税人肆意搜刮财产，反而会使经济缺乏创新和活力。

诺曼征服前，国王会在市镇中任命“管家”管理财政收入，管家渐渐将市镇中的各种税额固定下来，构成了市镇包税。诺曼征服后，国王在各郡派驻郡守，让郡守享有行政、司法和财政大权，每年征缴市镇的包税。在征税中，郡守的贪墨使市民负担沉重，王室收入锐减。万般无奈之下，为了获得更多的财政收入，英王只好向城镇出售特权令状，让其直接缴税。

市民开始从国王那里购买自治包税的权利，由市镇自己选举的官员，直接向财务署缴纳包税，这种包税的形式，称作市镇自治。至13世纪，英国的市民意识与市镇自治方面，都有重大的进展，到1835年，几乎每个城市均有自治的历史。城镇市民采用集体协商的方式决定公共事务，运用民主和法律机制，约束国王的课税权力；市政机构由市民选举出的市政官员组成，并全权负责市镇的财政、行政和司法事务，干涉工商业活动的封建领主的财政主张不复存在。

遗憾的是，即便是市民自己选举的征税官，也改变不了包税制的弊端与本质。市镇通过包税，加强了与国王的直接联系，但在经济上，却造成了地方贸易的封闭与垄断。随着文艺复兴给旧体制带来的巨大思想冲击，新的政治格局下，国王、政府成为理性的国家经营者，自治特许状逐渐被废止，包税制所依赖的经济和政治基础开始松动。

综上，包税制的衰落是政治权力、重商主义、市民意识与市镇自治三个要素共同作用的结果。以《大宪章》为起点，英国在改革中逐步完善财税法治思想，最终废除了包税制，并通过一系列的改革措施，落实了税收法定原则。

二、税收法治思想的萌芽

追溯到1215年的《大宪章》，其第12条、第14条规定，国王征税，一般必须经过议会同意；其第39条、第40条规定，针对任何自由人，非经合法审判，不得剥夺其自由、财产和权利。

以《大宪章》为基础，萌发了以下三种思潮：无代表不纳税、国王靠自己过活和税收法定主义。

1. 无代表不纳税

“无代表不纳税”反映了封建初期，国王课税须经纳税人同意的传统，体现了英国的税收契约精神。《大宪章》明文规定，除了封建领地税赋之外，国王开征一切税赋都要先得到“全国人民的一致同意”，“任何人凭着自己的权势向人民课税，就侵犯了有关财产权的基本规定，破坏了政府的目的”。但是，征税几乎不可能取得全体纳税人同意，这样，就需要由人民选举出代表组成代议机构，由代议机构对国王的征税请求进行审查和批准。

14 世纪，国王为获得同意而设计出了有关税收议会制度，国王可以通过与议会反复协商而达成协议；另外，议会对国王“请求征税的必要性”进行批准。必要性是指，国王征税必须是为了国家和臣民的公共需要。因此，国王课税必须同时符合公众同意、公共需要这两个条件。

“无代表不纳税”这一观念的直接产物有现今各国的人民普选。

2. 国王靠自己过活

13 世纪以前，国王依靠封建领主收入，就完全可以满足王室的正常开支需要。随着领土不断被赏赐、拍卖，家产制面临着财政经济危机，国王仅依靠自己的收入，已难以满足王室的正常开支。发展到伊丽莎白女王时期，将所有的王室土地收入、封建特权收入以及关税收入加在一起，都不足以弥补每年的战争支出。

英王频繁地请求议会同意其征税，但议会认为“国王应当靠自己过活”以减轻人民负担，自此，“国王靠自己过活”的观念深入人心。这种观念，使国王在开征新税时，受到许多条件的限制，亦使包税成为王室对外借款的担保。随着课税权由议会实际控制，“国王必须依靠议会过活”的观念取代了“国王靠自己过活”的中世纪观念。君主须与国家签订合约，并依据合约中规定的条款条件，拨付各种具有税收性质的“贡赋”。

随着王权的衰落，议会借机扩大自己的政治权力，为后来的英国公共财政转型奠定了基础。

3. 税收法定主义

如果说“无代表不纳税”“国王靠自己过活”是英国税收法治思想的外在表达，那么“税收法定主义”则是英国税收法治思想的核心内容。从“税收须经全体人民同意”的习惯法开始，税收法定主义就植根于英国的家计财政中，税收不只是王室私事，也是一项公共事务。

《大宪章》虽然没有明确提出税收法定，但是规定了课税须基于议会的决定，这一规定，使国家税收的课征具有了确定性。税收法定主义，是英国各个政治权力主体平等协商传统的集中体现，普通法体系注重遵循先例，各级法院在课税诉讼中形成的大量司法判例，对专制政权起到了良好的制约效果。

“王在法下”的观念，促使国王遵从税收法定主义；下议院掌握课税权之后，税收法定主义，就从一种思潮演变成了具体的治国理财方略。税收法定主义确立了议会对课税权的绝对控制。首先，在实体、程序上解决了家产制政权如何向其臣民汲取岁入的难题。其次，为后来资产阶级政权的各项财税制度改革指明了方向。最后，演化成了一项宪法性原则。

三、税收法治的初步实践

在中世纪“王大于法”的政治现实下，《大宪章》体现的是税收法治的理想状态。直到《权利法案》颁布，英国才初步建立起现代法治国家的框架。

1. 议会对课税权的完全控制

议会完全控制课税权，是指议会中的下议院取得课税的批准权。

英国课税权的控制主体，从国王到议会、再从上议院到下议院的演变，得益于议会持之以恒地与国王协商的，即便过程中产生对抗，双方仍能彼此妥协，并达成共识。

在英法百年战争期间，议会开始巩固、加强其财税控制权。面对庞大的财政开支，议会在批准国王征税时，附加了诸多限制条件。比如，议会可以明确法令适用范围，任命财政督察员监督税款的征收、使用，组织专门委员会审查政府财政、王室财产，等等。

至14世纪末，议会进一步要求国王、政府做出让步，即课税案件均须“征得上议院同意，由下议院批准”，自此，议会基本控制了课税权。1475年，爱德华四世以反法战争为借口，要求征收财产所得税，上议院同意了；但下议院对此税收的用途作了严格限制，直到获得国王特别允诺之后，才予以批准。从此，英国形成了课税案件先提交下议院批准、通过后再转送上议院的惯例。至此，议会完全取得了课税批准权。詹姆斯二世曾经试图未经议会批准私自征税，惨遭失败。

光荣革命之后，英国议会成为一个常设性机构，并逐步控制了国家财政权。1919年颁布的《议院法》，明确了议会的课税权及议院财税立法案的程序。

2. 财政体制的成功转型

英国的财政体制转型，主要是指封建的家计财政向公共财政的转变。在封建君主专制统治下的家产制中，王室与国家在财政收支上出现混同，带来了公私不分、统治者搜刮无度、国家财政入不敷出等弊端。

议会的代议制，将国家的财政收入与国王的家产收入进行了分离，使国王无权任意剥夺臣民的财产，更不可能随意挥霍公共财产。在议会获得课税批准权、财政监督权后，私人财产权变得更加明确、安全，国王的私人财政与公共财政的界限亦逐渐明晰起来，政府再也不是国王意志的代理机构，英国开始建立起满足公共需要的公共财政体制。而且，随着“福利国家”取代“夜警国家”，国家的公共职能逐渐复杂起来，统治者必须理财治国，政府需要设立专门的机构（财政署）负责管理全国财政收支。

光荣革命后，英王逐步放弃了对国家的实体统治权，英国成功地实现了从封建家计财政向公共财政的转型，议会承担起支付政府日常经费、定期批准王室财政收入项目的职能。

3. 包税制的彻底废除

在议会逐渐控制课税权的过程中，包税制成为众矢之的。包税制将公共财政管理私人化，混淆了公权和私权的边界，所造成的后果是，私人侵占公共利益；人民站在反对国王暴政的一边，并不断地向包税人、税吏和其他管理公共税收的官吏泄愤。

光荣革命后，国家陷入财政危机，议会尝试采用固定税额的方式征税，由于这种包税征收的模式，遭到了纳税人的普遍抵制，议会被迫采取了新的课税形式。随着英国公共财政的产生、发展，议会着手整顿国家财政，清点国库账目，政府逐渐放弃了分散的包税制，开始改设中央专门机构集中征税。

直到1713年，英国议会才彻底废除了包税制度，从此，税收完全由政府专职机构征收。

四、财税制度的改革与完善

光荣革命后，英国由人治转向法制，君主立宪政体持续至今。在光荣革命开始后的一百多年间，英国经历了深刻的变革，并逐渐建立起了现代税收制度、财政预算制度、税收官僚体系。

英国税收法治体系的构建，既带来了英国政治局势的长久稳定，又促进了资本主义经济的迅速发展。

1. 现代税收制度

资本主义的新政权成立之初，英国议会控制着绝大部分税收的课征权，王室每年仅获得固定数额的议会拨款，由政府直接负责具体的课税事项，当时，国家的税收收入有所减少。但从 1713 年开始，消费税作为最主要的税种，一直呈增长趋势，以关税、消费税为主的间接税占国家财政收入的六成以上。随着议会对税收政策的不断调整，政府对税收征管方式也进行不断变革。最终，国家具备了自行管理每一项税收的能力，英国财政制度开始迈向现代化。

所得税的创设，是英国建立现代税制的标志。所得税引发了国家与人民、议会与行政、中央与地方、直接税与间接税，以及社会各阶级、各团体之间利益格局的再平衡。

18、19 世纪，英国的税收结构以间接税为主，当时政府并未对社会不同阶层间的收入进行调节。1799 年，小威廉·皮特（William Pitt the Younger，1759 年 5 月 28 日—1806 年 1 月 23 日，英国历史上最年轻的首相）创设了所得税，其理由是“其他可供选择的岁入生产形式都不能应付战争支出和日益增加的国家债务”。遗憾的是，预计可征收一千万英镑的所得税，结果只征收到了一半左右，作为一项临时性的财税措施，所得税一开始并不成功；亨利·阿丁顿在 1803—1804 年的财政预算中，修改、调整了所得税的有关规定，所得税才逐步成型。拿破仑战争结束后，所得税停征，直到 1842 年，罗伯特·皮尔再度开征所得税。

进入 20 世纪，英国不断扩大社会福利支出和军事支出，1907 年，所得税开始区分劳动收入所得和非劳动收入所得。1909 年，劳埃德·乔治对高收入者征收超额累进税，英国从此开始实行累进所得税制。经历代努力，所得税终于成为成熟的税种。

在一战之前，英国就已完成了以直接税为主的税收体系改革；二战结束后，英国政府取消了一些战时的临时税制，同时开征了一些新税。1973 年，加入欧洲经济共同体后，英国重新对税收制度进行改革，如实行统一所得税、引进增值税、降低关税税率，等等，形成了现行的税收体系。

2. 公共预算制度

虽然，英国的议会在资产阶级革命以前，就已经获得了控制政府开支的权力；但是，实际操作时，家计财政遗留的支出模式，使议会难以从源头上控制各个部门的支出。因为当时的政府财政收支过于分散，每个部门都被授权征收某些税费，政府会计制度混乱，甚至连国王，也不知道每年的财政收入究竟有多少。议会名义上虽然有监督权，但是若没有中央统一的财政管理，议会对国家财政的监督权也必将沦为空谈。

君主立宪制建立以后，议员们逐渐认识到控制政府不合理支出的重要性。议会在控制课税权的同时，亦获得了对政府开支的否决权和对已支出款项的审计权，并且，议员们开始在议会内部设立各种委员会，用来审查政府的支出是否“明智、诚实和经济”。

1780 年，议会设立第一个委员会，其目的是限制和削减各类多余的、不必要的开支。1787 年，议会制定《统一账户法》，要求废除分散的部门财政账户，建立单一的财政管理账户体系。1802 年，议会要求政府每年提供完整的财政收支报告。虽然议会的要求合理，但政府并未遵从，财政管理仍然漏洞百出。

直到 1852 年，格莱斯顿主政之后，这一局面才有所改变。1854 年，议会通过《公共税收与统一账户法》，要求政府每年都必须定期向下议院报告财政总收入与总支出；1861 年，议会设立了国库收支审核委员会，负责审查政府的财政工作；1866 年，议会通过《财政审计法》，并建立了独立的政府收支审计部门，由其审查政府的账目，并向国库收支审核委员会报告。至此，议会最终实现了对政府财政的全面控制，英国基本形成了内阁承担整体预算责任的预算体制，顺利实现了由税收国家向预算国家的转型。

3. 税收官僚体系

包税制盛行时期，税款征收之所以交到私人手中，是因为缺乏可靠的行政机构；而之所以缺乏可靠的行政机构，则是因为官吏在道德上的不可靠。用专业机构、专职雇员来征税，成为税收常规化的必然趋势。客观地讲，税收官僚体系的建立，是财政机构、征税人员组织管理现代化的体现。

英国资产阶级革命成功之后，国家的征兵、征税、军需供应等诸多事务，均需要由议会派专人处理。由此，英国建立了文官制度，逐渐形成了两类官员，即专业官员和政治官员。

包税制废除之后，对英国的一些重要的税种，诸如关税、消费税和直接税等，政府开始雇佣专人进行直接征收。实际操作时，由包税制下的组织机构和征收官员征收，因为包税商人建立的征收管理体系使训练有素的征税员对国家税收收入了如指掌。1797 年，英国共计设置了 75 个官僚机构，其中，涉及关税和消费税的官吏，约占文官总数的 77%。

进入 18 世纪后，由于监督的缺失，文官系统在录用和管理方面曾经出现过混乱。这一混乱在财政领域非常明显，有的税收官员以征税开支为借口，索取大量费用，导致腐败猖獗。万般无奈之下，1782 年，皮特首相及下议院开启了以廉洁和效率为基本目标的文官体制改革。改革的主要措施有：将税收管理部门重组为两个机构，一个负责关税，一个负责其他税种；改革皇家土地收入管理机构和邮局，重组收入体系，建立中央基金；创立审计机构，撤销财政部门的诸多闲职。经历皮特首相的上述系列整顿，财政部门的经费超支现象有所遏制，税款入库速度明显加快，但是，仍无法根除侵占公款、躲避财政审查的现象。

19 世纪中后期，议会先后颁布了两个枢密院令，对包括税收官僚体系在内的文官制度进行了再次改革，成立了文官制度委员会，进一步规范了文官录用、考核标准。

五、财税法治的变革路径

税收法治，从思想萌芽到财税法治的实践，其道路走得缓慢而稳定。虽然国王与议会之间，时常陷入政治僵局，但是英国财政变革的每一项举措，均非常坚定。

从历史的角度看，《大宪章》是封建贵族为保护自己免受国王繁重的税赋而强迫其签署的协议，而《权利法案》则将光荣革命的成果以法律文本的形式确定下来，使英国最终踏上了财政法治的道路。在英国，政治权力的博弈，重商主义，以及市民民主权利意识的觉醒这些因素，既让包税制达到鼎盛，也促成了包税制的废除。

包税制退出历史舞台，走过了一条曲折的道路，并非一蹴而就。当英国先后卷入法国九年战争（1688—1697）、西班牙王位继承战争（1701—1714）时，为解决巨大的军费开支问题，威廉三世重新引入包税制、职位终身制，政府直接向大商人和金融家借款。直至发展到 1832 年，议会建立责任内阁制度，并使之成为行政权力的核心，才开启了自由主义的新时代。

英国包税制的废止，得益于成熟的货币经济和高效的管理机构（官僚体系），围绕着简化税制，落实议会的课税权、预算监督权，提升税务机关及其稽征人员的专业化水平，展开税收法治的实践。在工商业蓬勃发展的背景下，英国以财税领域为突破口，实现了财税权力的科学配置，促进了经济的持续繁荣，从而建立了相对合理的社会分配制度和福利制度，继而维护了国家稳定和社会公平正义，顺利推动了英国的崛起。

六、财税法治的经验启示

包税制满足了国王、包税人的私利，威胁着公共利益。税收私有化带来的弊端，使人们认识到，收税应当是一项公共事务。光荣革命后，英国建立起官僚机构，开始直接征税。官僚机构能够克服原来的路径依赖，最重要的原因是在旧制度尚未毁灭之时，税收法治理念其实早已深入人心。

包税制到税收法治的演变，说明财税体制上的渐进改革，就是要"在征收税收的方式上建立某种法律秩序，以免其手续比赋税本身更为复杂"。税收法定主义，始终作为英国宪政发展中的基础性原则。

英国的财政改革，基本上是基于各方政治力量的反复协商，很少有剑拔弩张的时候。这种协商精神，在各国政治改革中均曾存在。英国贵在坚守法治原则的同时，能够妥善地平衡各种政治力量，达成一致的改革方案。由此可见，政治改革中达成共识，是非常重要的。

中国进行税收法治建设，不仅需要在法律层面进行改革，更要摒弃传统思维中的"路径依赖"，建立与税收法治理念相一致的税收征纳体系、财政体制。每年，各级政府和税务部门的税收执法犹如攻坚战。基层政府大肆拉税付费，为完成税收任务不惜买税、贷款，还有收过头税、收空转税等问题也是屡禁不止。当前，进一步深化财税体制改革，废除财政税收任务已成为共识，真正的难题是具体如何落实，英国的税收法治经验，对我国不无裨益。

全面推进国家治理能力现代化，实现依法治国，要先实现财税法治的现代化。在财税体制改革中，必须转变包税思维，实现面向税收法治的转型。当然，税收法治现代化是一项系统工程，若要实现中国的税收法治现代化，必须废止所谓的“税收任务”，借鉴英国财税法治的经验，积极探索一条符合中国经济体制、财税制度的财税法治化道路。

第四节 成功的税制转型

目前，有诸多学者提出，中国应该进行税制转型，基本方向为从间接税为主转型到以直接税为主。简单地说，在企业生产的前端环节税负要尽量少，在财富的取得和消费环节增加税收。将企业税转型为个人税的主张，其大致要点，就是将现在的间接税转型为直接税，将企业负担的税收转为个人负担。这些建议的大方向应该是不错的。具体操作时，关于从间接税到直接税的税制转型，可以看看英国走过的道路，因为英国是税制转型最早、最成功的国家，他们的转型道路，值得中国参考借鉴。

一、早期以直接税为主

在中世纪，英国国王的收入主要来源于自有土地租金和国王特权，在必要时经议会的同意，才可以从贵族与自由民那里按其财产状况获得“助税”（十分之一和十五分之一税、俗人补助金、教士补助金等）。财政史家熊比特把这样的国家叫作税收国家。

本质上，“助税”是一种传统的直接税。其理论依据亦为国王的特权，意味着在军事紧急或其他确有必要时，国王作为封君，可以要求封臣提供财政帮助。以伊丽莎白一世为例，在1558—1601年间，她断断续续地征收十分之一、十五分之一税达37次，俗人补助金20次，教士补助金22次，总的征税量高达315万英镑。

为了应对国家间的生存竞争及日益增加的公共服务需求，从中世纪晚期至近代早期（即从亨利八世到查理一世国王统治期间），英国国王不断地增加财政收入，主要采取以下方法：出售王室土地及没收的教会土地；扩大国王特权收入，比如出售爵位、国王监护权，强封骑士，动用王室强买权等；增加税收收入。

显然，出售土地、扩大国王特权收入这两项收入是不可持续的；只有增加税收收入才具有潜力。从都铎王朝开始，税收在财政收入中的占比逐渐增大，英国转变为熊比特所说的税收国家。

作为税收国家，英国早期的直接税占比相对较大，詹姆斯一世时期，直接税的占比差不多达到总税收的六成，1692 年由国会授权征收的土地税，成为主体税种。斯图亚特王朝末期，土地税的收入居然要占到政府总财政收入的一半左右。当时的土地税，不仅包括对土地征收的税，甚至还包括对房屋、窗户、仆人、马车，以及化妆扑粉、纸牌等征收的税。

二、传统直接税制转型为现代间接税制

随着工商经济的发展，消费税、关税和印花税等间接税的份额越来越大，并逐渐成为主体税。最大宗的消费税是酒类消费税，在 18 世纪 30 年代，450 万英镑的年税收收入中，有三分之一来源于酒类消费税。

做饮料的茶叶、咖啡、可可，做服装的皮革、丝绸，生活日用品中的纸张、肥皂、蜡烛，建筑材料砖头、玻璃、木材、铁条，以及盐、淀粉、糖、烟草、煤，乃至于粮食，等等，都被征收过消费税。当时，英国的财政收入由以直接税为主转为以间接税为主。因为，即便传统的“助税”在现实中仍然存在，但其收入因遭到民众抵制而在不断地衰落，如十分之一税和十五分之一税，就因遭到议会的反对（1625 年）而在历史上消失。

英国内战及共和国期间对消费税进行的实验，奠定了现代间接税制

形成的基础。在此期间，政府由于财政收入不足，在拍卖完没收的王室与王党分子的土地后，就不得不依靠税收，大量地征收从荷兰引进来的消费税。

在内战初期，消费税只限于酒类产品且只限于战争时期征收，后来随着战争的持续、财政的紧张，消费税的征税对象很快延伸至日常生活的几乎所有领域。1653 年议会被解散后，该税种依然存在。即便到查理二世复辟后，内战时期开征的消费税仍被议会授权征收，并且扩大了征收范围。

在和平时期，消费税的征收虽然亦有过起起落落，但总体上，对生活物资与生产资料征税，已成为英国政府越来越重要的税收来源。当然，这里说的消费税，主要是国内货物税。

事实上，英国针对进出口商品征收的关税（进出口商品的消费税）有更早的起源，至少可以追溯到 13 世纪，到了 18 世纪时，它仍然是重要的间接税。大体上，到 19 世纪 30 年代，英国通过关税和国内消费税这两种税收所获得的收入，占到了财政收入的一半以上。

针对上述英国从传统直接税制向现代间接税制的转型，当时的思想家们，亦给予了智力支持与思想引导。

让消费税成为主要的财政收入形式，主要基于以下几方面的考虑。(1) 消费税具有普遍性与平等性，不论贫富与阶级，只要消费都需纳税，而且，随着消费数量的增加，税款数量也会增加；(2) 对消费征税，商品价格会提高，消费数量会减少，这有利于增加储蓄，还可以减少不良物品（如酒类）的消费；(3) 消费税征税比较简单，征收管理的费用低；(4) 对消费品征税时，若对奢侈品征重税，可以将税负更多地落实在富人身上，而对生活必需品征税，可以让穷人更加勤奋地工作。

在 1840—1841 年度，英国财政收入的 5.16 亿英镑中，关税和消费税所占比例约为75%，达3.83亿英镑之多。当时，英国普通法法官布莱克斯通对此公开宣称，征收大量的、任意的消费税，是与自由国家的精神背道而驰的。

对税制进行改革，为贸易自由创造条件，为穷苦人减轻税负，将以间接税为主的税收体制改为以直接税为主的呼声日益高涨。

三、建立现代直接税制

1. 所得税的艰难创立

从历史上看，英国建立起现代直接税制，是所有国家中最早的。

本来，政府派员根据地产价值（由地方土地委员会调查）每月征收的现代土地税，自1688年光荣革命后便成为常规税种。传统的人头税，在此前后时间内，亦进行了现代化的改造（其中，具有公爵爵位的人每年缴税100镑，其他等级递减，最低爵位缴纳10镑；没有爵位的平民，按照年收入的5%缴纳人头税）。没有爵位的平民，开始划入纳税的范围，经过改造，该税在相当程度上接近于今天的财产税。

从1799年起，英国为了应付反法战争的开支，而开征了所得税。在1842年的财政预算案中，时任首相的罗伯特·皮尔，恢复了原先作为战时临时税收的所得税。为得到议会支持，罗伯特·皮尔同时建议减少700种商品的关税，这实际上减少了普通消费者的税收负担。经过不断辩论，议会最终同意了首相的建议。那时，所得税是一种由少数富人负担的税。1871年人口普查时，英国3150万人口中，只有46.8万纳税人缴纳D类所得税。

此后，所得税的征收虽然起起落落，但自19世纪下半叶起，现代所得税占英国财政收入的比重不断增长，并最终成为主体税种。后来，英国又开征了遗产税，并对所得税进行改革，开始实行累进所得税。与此同时，英国大力缩减了消费税征收范围，仅对酒精饮料、烟草和茶叶等为数不多的商品征收消费税。

到20世纪初，直接税的占比超过了间接税，同时，英国税制亦大为简化，主要税种仅余所得税、遗产税、少量印花税等。

以所得税（个人所得税与公司所得税）与财产税为主的直接税制，之所以在19世纪末20世纪初成为英国税制结构的主体税种，跟英国产业革命的完成及现代国家建设深化过程中所发生的社会问题越来越突出有关。

运用税收手段，调节贫富差距、供应民众福利，借以实现社会平等，成为那个时代的学者最关注的中心问题，社会表达出的最强声音。著名经济学家和自由主义理论家约翰·密尔，曾经说出了那个时代的呼声："为什么平等应该是征税的原则？因为在一切政府事务中都应遵循平等原则。"

2. 税收理论为转型造势

在思想上，之所以运用直接税来纠正社会不平等问题，亦与此时税收理论的发展有关。

19世纪70年代，经济学边际革命发生后，学者们热衷于将"边际效用"这样的分析工具引入到财政税收领域的研究中。以约翰·密尔为首的学者们，他们把税负平等解释为纳税人因纳税而付出的牺牲平等。在密尔开创的基础上，学者们又纷纷地加以理论的补充，最终，由埃奇沃斯决定性地将"税负平等"解释为：每一个纳税人因纳税而造成的"边际牺牲相等"（每一个纳税人的最后一元税款带来的牺牲相同)。并认为，在税负平等方式下整个社会因税收而牺牲的效用总量最小。

这样的话，在收入边际效用递减的前提下，富人必须缴纳比穷人更多的税收，才会产生无论穷富每个人最后一元税款的牺牲相同的结果。由此，奠定了征收累进所得税的理论根据。即便有学者担心，过分累进的所得税可能会影响经济效率；但是总体而言，累进所得税制，仍然迎合了英国现代国家成长时期的社会要求。以至于到 1954 年，英国皇家委员会，最早确认了英国对所得税累进性的承诺“我们对当今公众意见表示满意，为了符合公平分配的理念，不仅需要累进税率，而且需要级距陡峭的累进所得税，这样的看法被广为接受”。

3. 转型成功

在上述思想的不断指引下，从 19 世纪中期至 20 世纪，英国政府大力引进直接税制，致力于构建更为平等的现代国家。

19 世纪下半叶，英国逐渐建立起以所得税为中心（辅助以消费税、关税）的直接税制。这一格局，在阿斯奎斯任财政大臣时（1905 年），已成为稳固的、无可撼动的财政收入基础。1907—1908 年，所得税开始区分劳动所得和非劳动所得，并分别征税；1909—1910 年实行累进性的所得税制。

至于遗产税，在财政收入比重上，虽然没有所得税那么高，但是，其调节收入分配的象征意义可能更大。1894 年，哈考特对英国遗产税进行了改革，不但提高了遗产税率，而且使用了累进形式。

以 1914 年的预算为例，所得税、超额累进所得税和遗产税的收入成为主要的收入来源。直接税的扩大，为 1914—1918 年英国的战时财政及战后的预算，提供了强有力的财力支持。可见，到了 20 世纪上半叶，英国全面转向了直接税制，由此，成为西方国家税制成功转型的典型。

总之，从财政方面来说，20 世纪英国的成长表现为如下几点：（1）用直接税（所得税及遗产税等）来调节贫富差距、实现社会公平；（2）根据最低生活水平与个人家庭经济状况适当减税；（3）配合以必要的、以公平为目的的财政支出手段。

第五节 节税首都

为应对减税浪潮，2016年，英国财政大臣奥斯本在议会下院发布夏季财政预算报告。他表示政府从2017年起将公司所得税税率由20%降至19%，并在2020年进一步调降至18%；在2020年之前，将居民最低工资水平由当时的时薪6.5英镑上调至9英镑；个税免征额提高至1.1万英镑；遗产税有效起征门槛上调至100万英镑。

一、黄金签证挡不住的移民潮

1994年，为了吸引高收入人群在英国投资，英国政府出台100万英镑Tier 1（Tier 1 Investor）投资移民政策，到2014年10月16日，英国内政部将投资移民的最低数额直接翻倍，从100万英镑提升至200万英镑。因高昂的价格，投资移民政策，被人们称为“黄金签证”。

相对于其他签证的繁琐要求，投资移民签证除了提交资金来源外，其他要求基本趋近于无。申请者不需通过英文能力测试，不需提供日常生活费用的资金来源证明，不受限于国籍、学历和就业情况等背景资讯，一人成功，全家移民，成功即享受免费公立教育和免费医疗保障。首次签证为期三年，到期后可申请延长2年签证，此后，可申请永久居留权，持有永久居留权满一年后，则可申请英国国籍，成功率几乎为100%。

投资移民签证尚有加速通道：投资500万英镑，3年可获永久居留权；投资1000万英镑，2年可获永久居留权。

截至2018年3月，12个月内，有405名高净值人群以Tier1投资者的身份进入英国，其中123个来自中国，52个来自俄罗斯，24个来自土耳其，申请人数相比前年，增加了两倍。尤其是中国公民，比前一年增加 26%。（因担心英国政府可能会在 2019 年 3 月正式脱欧之后，收紧签证规定，故而部分富豪在此之前完成移民）

二、RND 税制

世界许多国家都在争夺富豪。在法治社会，对富豪的争夺需要通过制度设计的方式来进行。在这些制度设计中，税务制度的重要性毋庸置疑。

瑞士有“财政贡献纳税”或“包干纳税”，英国有著名的“RND 税制”（resident but not domiciled）及“税务居民但非住所”税制。

移民英国的富豪，在成为英国的税务居民 7 年之内，确实有可能不用在英国缴纳一分钱的税款。“RND 税制”以符合法治的形式，使得外国富豪在移民英国后，在一定程度上游离于英国的高税率之外，是英国近几年吸引外国富豪的主要原因之一。

“RND 税制”的确是一个了不起的法律制度设计，马耳他、塞浦路斯亦有类似制度。

“RND 税制”的核心内容是，如果一个人是英国税法意义上的税务居民，但住所（domicile）不在英国，则可以选择按照汇入制（remittance basis）进行纳税。在一个纳税年度，在英国居住超过 183 天的个人，或连续几个年度连贯性的和实质性的来到英国的个人（通常连续 4 年内每年至少超过 90 天），都有可能成为英国的税务居民。

英国税制的一般规则是：一旦成为英国的税务居民，其全球所得，均需在英国按照发生制（arising basis）缴纳个人所得税。所谓“发生制”，是指英国税务居民的境外所得，在其产生的当年缴纳英国个人所得税。

汇入制纳税，其实是英国发生制纳税下的一个例外规则。只要纳税人仍然是“税务居民但非住所”，可以决定每年是采用汇入制纳税，还是选择发生制纳税。在汇入制下，纳税人境外的所得和收益，不在产生的当年，而在其汇入英国时，缴纳英国所得税。因此，汇入制实现了英国税制的递延。

在英国税法下，住所分别有三种获得的方式。

出生住所（domicile of origin），即依据出生获得的住所；依附住所（domicile of dependency），即个人在16岁之前，根据其监护人的住所而获得的住所；选择住所（domicile of choice），即个人在16岁以后获得的住所，个人离开目前住所所在的国家，而在另一个国家永久生活。

此外，英国还制定有“视同住所”规则。新移民英国的中国高净值人士一般不会基于上述三种住所获得方式被认为住所在英国。但是，个人有可能基于其死亡之前的三年内的任何时间里其永久家庭在英国，或“17/20”标准（个人在进行资产转让或死亡的当年之前的20年内有17年是英国的税务居民）被视同住所在英国。如果纳税人基于该规则，被视同住所在英国，需要离开英国4年，才能隔断该“视同住所”规则。（自2017年4月6日后，英国移民适用新的“视同住所”规则）

实践中，移民英国的外国富豪，一般不会被认为住所在英国，因此符合汇入制纳税的适用条件。

干净资本

按照“RND税制”，个人移民英国之前的纳税年度产生的境外所得（“干净资本”）不用在英国纳税，即使该收入汇入英国。因为，发生制是英国税法下对其税务居民的纳税方法。

创设“干净资本”，须在成为英国税务居民之前完成，只有一次机会。因为，成为英国税务居民，不会导致个人所持有资产的计税基础的自动升高。即英国所得税将对整个资产持有期间的增值适用，而不是仅仅适用于成为英国税务居民之后产生的增值。因此，如果纳税人持有的资产已经产生较大增值，在成为英国税务居民之前，则需要对该资产进行处置，使该增值真正实现。

那么要如何创设“干净资本”？这就需要开设不同的银行账户，并将其隔离和单独管理。同时很重要的是，让银行充分理解这些账户运作的税务要求——厘清哪些是“干净资本”，放入一个单独的账户，并且，资本产生的利息需要转到另外一个专门的收入账户。

“资本收益”账户。将在成为英国税务居民之后进行的资产处置且收益为正的资金，存入“资本收益”账户。从该账户汇入英国的资金，可能需要在英国缴纳资本收益税（高达 28%）。“资本收益”账户产生的利息，不能存入该账户，而应该计入收入账户。

收入账户（扣缴境外税款以后的部分）。包括“干净资本”账户和“资本收益”账户产生的利息、其他已经扣缴境外税款的收入。从该账户汇入英国的资金，须在英国缴纳高达 45% 的个人所得税，但其缴纳的境外税款，可以抵免。

收入账户（未扣境外税款的部分）。未扣缴境外税款的所得，包括“干净资本”账户和“资本收益”账户产生的利息及其他收入。从该账户汇入英国的资金，须在英国缴纳高达 45% 的个人所得税。从成本的角度考查，该账户只能用于支付在英国以外的费用，而不应汇入英国。

按照“RND 税制”，成为英国税务居民以后的纳税年度产生的境外所得和收益，如果不汇入英国，亦无需在英国纳税。成为英国税务居民的初始 7 年内，纳税人适用汇入制无需向英国政府支付任何费用。成为英国税务居民 7 年以上的情况下，申请适用汇入制的纳税人则需要缴纳申请费：3 万英镑，如果纳税人在过去的 9 年中有 7 年是英国税务居民；6 万英镑，如果纳税人在过去的 14 年中有 12 年是英国税务居民；9 万英镑，如果纳税人在过去的 20 年中有 17 年是英国税务居民（2015 年夏季预算对此有所修订）。

三、"RND 税制"的改革

2015 年 7 月 8 日，英国政府颁布了夏季预算（Summer Budget），其核心是，适用"RND 税制"的外国富豪，将面临所得税成本的增加，而且最关键的是，可能面临最高 40% 的遗产税问题。该改革已于 2017 年 4 月 6 日实施。

"RND 税制"内容的前后变化详见下表 3－1。

表 3－1 RND 税制前后变化比较表

旧税制	现行税制（适用于 2017 年 4 月 6 日之后）
所得税 移民来源于英国的所得和资本收益，需要在其产生时在英国纳税；境外所得受益于英国的"RND 税制"，汇入英国时需要在英国纳税。 在落地英国之前进行的筹划可以使移民在最初的 7 年内无需缴纳任何英国税。适用汇入制的收费：3 万英镑（过去 9 年中有 7 年是英国税务居民）；6 万英镑（过去的 14 年中有 12 年是英国税务居民）；9 万英镑（过去的 20 年中有 17 年是英国税务居民）。	所得税 如果纳税人在过去的 20 年中有 15 年是英国税务居民，不再适用英国的"RND 税制"。该纳税人在个人所得税上将被视同住所在英国，就全球所得在英国缴纳个人所得税。 要避免被视同住所在英国，纳税人需要完全离开英国五年。 对于"排除资产信托"，（1）如果信托设立人被视同住所在英国，为设立人利益的信托以及信托所持有公司所产生的全球所得和收益有可能须在英国按照发生制缴纳所得税。（2）对于非为设立人利益的信托，如果受益人被视同住所在英国，那么受益人对于从该信托获得的收入和资本的分配需要在英国按照发生制（目前是汇入制）缴纳个人所得税。

续表

旧税制	现行税制（适用于2017年4月6日之后）
遗产税 移民须就位于英国的资产在英国缴纳遗产税。对于位于英国以外的资产，满足“20年中有17年是英国税务居民”时被视同住所在英国，需要缴纳遗产税。 如果纳税人被视同住所在英国，其需要离开英国4年，才能隔断该“视同住所”规则。 获得英国住所或者被视同住所在英国之前，移民可以将其位于英国以外的资产放入信托。这些资产无需缴纳英国遗产税，即使在个人获得英国住所或者被视同住所在英国之后。位于英国的资产如果通过非英国公司架构来持有，也可以免于缴纳英国遗产税。这些信托一般被称为“排除资产信托”。	遗产税 如果纳税人在过去的20年中有15年是英国税务居民，则被视同住所在英国，需要缴纳遗产税。 要避免被视同住所在英国，纳税人需要完全离开英国五年。 对于“排除资产信托”，如果其设立于纳税人被视同住所在英国之前，该信托将不受影响（可以继续免于缴纳英国遗产税）。但是，如果该信托持有英国的不动产，其可能根据穿透原则而被视同为位于英国的资产，需要缴纳遗产税。

第四章

税制比较

根据2017年的经济数据，排行榜上，美国继续占据第一，中国第二，英国第五（在欧洲仅次于德国）；中美英三国在国际上的影响力可见一斑。这三个国家各自的税收制度亦各有特点。

第一节　中国针对特朗普税改的应对策略

在当今这样一个紧密联系的全球化世界中，任何一个国家，即使是出于自身主权所进行的经济政策调整，都难免会产生意想不到的溢出效应。美国大幅度降低企业所得税税率，必然对资本在世界范围内的流动产生某种“虹吸”效应，不仅美国的跨国企业在海外的巨额利润可能回到美国本土，同时造成所在国的资本流出，而且，其他国家的资本，亦完全可能因为美国本土的低税收，再加上美国本身良好的法治环境、营商环境等因素，更加倾向于在美国进行投资。

比如，以前热衷于中国市场的富士康，已赴美投资办厂，甚至我国的一些制造业，诸如福耀玻璃等企业，近年来亦加大了在美国的投资力度。

有学者指出，美国的税改将吸引制造业、知识产权和高科技人才

“三重回流”，势必产生外溢效应。这可能在世界范围内掀起一轮减税潮，2018 年成为全球税改年，造成了全球范围内的税务竞争问题。

从营商环境角度的总税负比例上比较，在国际范围内，美国税务负担，税改前已低于主要发达国家的平均水平，并大幅低于主要新兴经济体。而美国的减税政策，将使这个差距进一步拉大，其他国家为了避免资本流出，也不得不被迫做出调整，从而，引发一场全球减税战。

目前，英国、法国、日本以及其他主要发达国家已推动减税立法，许多发展中国家亦宣布相应的减税计划。因此，世界范围的减税战可能消减特朗普税改的政策效应。

主要国家企业税率水平详见图 4－1。

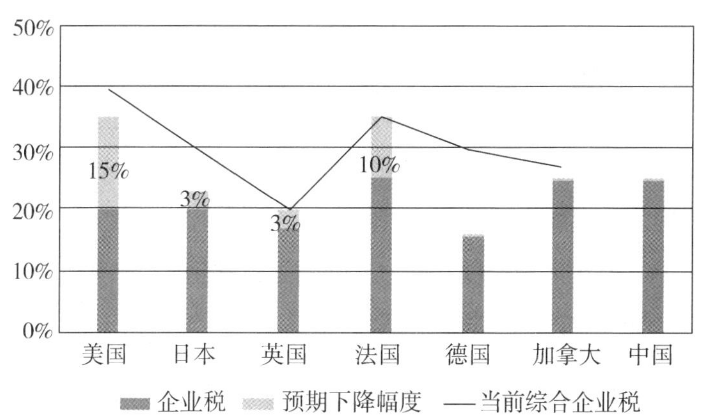

图 4－1 主要国家企业税率水平

数据来源：OECD，Wind，CCEF 研究。

国际竞争中，税收价格战如何惨烈，目前还不能评价；但主要经济体中的大部分，已经采取了积极的应对策略。

特朗普税改刚通过，日本就宣布计划把企业税降到 20% 左右，法国、意大利、荷兰等国家也都着手减税。在此之前，英国、德国、爱尔兰等国都已经有相应的减税计划，德国预期每年减税 150 亿欧元；英国计划到2020年将企业所得税降低到17%；爱尔兰早已将企业所得税调整到12.5%。一场减税风暴已席卷全球。

美国税改在短期内可能会造成美元回流，但其终极目的是希望回流的美元扩大投资，解决就业问题。不过，未来的效用如何，有待观察。

其一，美国的劳动力，在空心化的政策下，并没有很好地向金融和高科技转移，并且，把已经移到国外的产业移回国内，也会带来许多弊端。比如，耐克球鞋的设计和销售渠道都是由美国总部控制的，只是把生产过程放在发展中国家，比如中国。如果把制造过程再搬回美国，还需要考虑到产业链的问题。即便制鞋业回到了美国，但还涉及鞋带鞋垫等配套的一系列产业，所以并不像想象的那么容易。

其二，相关国家也不会坐以待毙，同样会采取反制措施，这会大大降低美国所希望的扩大就业的效果。

其三，美国减税，其他国家会跟进，同样会降低减税核弹的震波。

其四，税源减少，而美国财政刚性支出不断上涨，同时美元又进入了加息通道，税源减少而利息支出增多，美国财政会更加捉襟见肘。所有这些不确定因素，都会使美国减税带来的震荡效果减半。

那么，美国税改有没有“外溢”效应？当然有的。

在政治、军事、外交、经济、金融等领域的地位，决定了美国的全球影响力，所谓“外溢”是一贯的。

美国对中国的“外溢”影响日渐加大，因为，中国经济发展水平日益提高，在国际上的地位不断提升，与美国的差距在不断缩小。因此，中国与美国的市场竞争更为直接、激烈。基于此，两国政策变化对对方的影响变得更大，双方也会对对方的政策变化更为敏感。

在追逐利益的资本市场中，美国减税政策实施后，企业肯定会想方设法往美国跑，其他国家资本就会流失。所以，特朗普税改政策对中国最直接的影响，就是外企回流，降低中国的就业机会和居民收入。

中国制造业早已面临困境。据 2015 年工信部的资料，发达国家高端制造业回流与中低收入国家争夺中低端制造业转移同时发生，对我国形成了“双向挤压”。而现在，美国减税已经成真，中国流失高端制造业的风险更大了。

面对如此恶劣的外部环境，中国应该怎么办？

美国减税政策的实行，对所有经济体均会产生冲击。对中国，会使大量热钱流出中国，使外汇储备急剧减少，汇率下跌，人民币贬值，中国资产价格下跌，对刚刚恢复的经济打击很大。如果应对不利，造成资产价格巨幅下跌，美国热钱可能会杀一个回马枪，大肆在资本市场上收购中国企业的控制权，这就是我们俗称的“薅羊毛”！

曾经，在亚洲金融危机中，亚洲新旧四小龙均曾被美国“薅羊毛”。2008 年的金融危机中，冰岛、希腊、西班牙和葡萄牙等国家，因应对不利几乎国破家亡！

可怕的是，上述这些“小羊”，均不够美国塞牙缝的，现在，“最肥的羊”就是中国。

中国如果被“薅羊毛”，现代化进程至少会推迟 10 年。而美国完全可以利用这十年，用高科技企业快速发展和扩大就业，挽救其摇摇欲坠的经济和政治。

《人民日报》就曾刊发评论员文章，评论称美国减税实际上就是在挑起税务战。文章指出，据多家机构估计，如此税改将使美政府未来 10 年财政减收 2 万亿至 6 万亿美元。这对于一个债台高筑、过段时间就得裱糊一下债务上限这个“顶棚”的美国政府而言，风险不小。同时，参与美国联邦政府牵头的投资项目风险也随之变高。未来美国经济建设不但要减税，还要大兴土木搞基建。一面少收钱，一面多花钱，且还要吸引私人投资者往基建上投钱。试问，钱从哪里来，谁又敢跟投？

值得庆幸的是，中国政府的执行力高于美国联邦政府。国务院

2017 年 4 月 19 日开会，会后直接下令，于当年 7 月对增值税、企业所得税两个税种进行减税，那时，美国国会的减税方案还未出来呢，我国的减税措施已经先行了一步。当然，那时我们采取的相对保守的减税策略，仅仅为了抢占先机。

针对已经尘埃落定的美国减税政策，中国政府如何进一步应对呢？笔者认为，中国不妨从短期和长期两个方面来沉稳应对。

短期而言，可考虑适当降低我国企业所得税的名义税率。

如果减税策略过于激进，造成短时间内财政收入的大幅度缩减，中国或将面临无钱可花的尴尬局面。早在 2016 年，中国的财政赤字就到了 2.18 万亿，已经达到欧盟的财政风险警戒线。在中国的公共预算支出中，重点是民生支出、政府行政开支、基础建设开支这三大板块，占到一般预算支出的 80%。在上述三大板块中，最有可能被压缩的，就是基本建设开支。在中国经济对投资的依赖依然严重的情况下，基本建设项目的缩减，就意味着经济面临更大的下行压力。而在基本建设项目中占有主导地位的国有企业，所承受的压力势必会更大。

我们国家以间接税为主，直接税为辅。据世界银行“Paying tax 2017”报告的测算，我国企业的总税率（68%）虽远高于美国（44%），但其中所得税部分仅占 10.8%，低于美国的 28.1%。当前，我国企业所得税的名义税率为 25%，看似较高，但由于广泛存在的税收优惠、减免、补贴等政策，企业实际承担的所得税其实并不高。因此，即使全球减税浪潮来袭，我国也不必照搬美、英、欧盟的做法，直接削减企业所得税税率。

应对美国减税，有一个更现实可行的方法。即全面、深入地梳理企业所得税的各类优惠政策，将此前仅适用一些行业、一些地区，甚至一些产业园区的政策中具有普遍价值的方面，上升到法规层面，正式进入《企业所得税法》。以此，基本拉平我国与其他国家之间的名义税率水平，争取在全球减税竞争中不落人后。

长期而言，需要进一步优化营商环境。

回望改革开放40多年来的历程，大力发展制造业，正是我国从农业国华丽转身，成为工业大国的关键所在。

近年以来，我国经济已处于转型升级的关键期，服务业成为具有广阔成长性的朝阳产业。但即使如此，服务业尤其是现代服务业的发展也必须建立在制造业发展、分化、裂变的基础之上。如果没有制造业为基础，则服务业将是无源之水、无本之木。对中国而言，制造业可谓是国之根本，其重要性无论如何强调都不为过。因此，对于我国而言，留住、加强、发展制造业，仍然是未来中国经济发展的要义。

美国税改后，中国政府真正关心的问题是，美国税改会不会引发、加剧我国制造业的外流速度，进而造成我国产业空心化、就业岗位大量丢失？

毋庸置疑，本届政府始终力推的“放、管、服”改革，在优化营商环境，降低制度性交易成本方面，可圈可点，社会亦对此有目共睹。

不过，致力于“降成本”的努力，只要向前推进一段时间，都会遭遇某种体制机制的硬障碍，进而一再提示人们“全面深化改革”的必要性、紧迫性。仅以早已收官的营改增为例，财税部门的账本明明白白地表明，全面营改增两年，便已为社会减税约1.1万亿元。但与此同时，企业却普遍反映“没感觉”“获得感不强”。究其原因，主要还是因为中央与地方的事权与支出责任的改革不到位，造成地方政府收入下降而支出责任不减，不得不采取别的方式加大征收力度所致。

缺乏稳定、明确、可预期的法律环境，是中国营商环境的最大软肋，亦为制造业外流的重要原因。

客观地讲，在招商引资方面，我国的方式、手段、力度，是世界罕见的，无出其右。

仅就税收而言，在实际执行过程中，由于存在着各类名目繁多的优惠、减免、返还，虽然我国的名义税率较高，但是企业的实际负担其实并不重。尤其是国际知名的制造巨头，历来是各级政府想方设法招商引资的“香饽饽”。遗憾的是，问题也正是出现在这个地方。所有这些优惠、减免，均分散于各种文件、协议之中，一直没有上升为相对统一明确的法律条文，均需要企业与各级政府、各地官员之间，进行一轮又一轮的磋商谈判，其间的交易成本也比较高。尤为糟糕的是，即使协议好不容易谈成了，后续落地实施，还可能面临因官员调动、政策变化等因素而导致的各类不确定性。

优化营商环境，政府必须将早在十八届三中全会便已启动的财税改革继续深化下去，走完后半场。

鉴于此，中国政府近几年需要完成以下工作。

首先，采取切实行动，力争2020年全面实现税收法定，目前来看，增值税的立法有望。

其次，整顿税外各类收费，减轻企业负担，渐进式推进行政零收费，目前这项工作亦卓有成效。早在2017年3月15日，中国财政部就已经会同国家发展改革委员会下发文件，一次性取消了41项行政事业性收费，如婚姻登记费、清真食品认证费等，都已退出历史舞台。

再次，加快推进中央地方的财政体制改革，尤其要相对明确中央与地方各级政府的事权范围，以一种更加综合而非只有地方税的方式，健全地方收入体系。目前来看，这项工作进展缓慢，好在，我国有转移支付、共享税分成等诸多途径解决地方财力问题。

最后，加快社保全国统筹的步伐，适时将社保由“费”改“税”，目前来看，社保费改税的条件已基本成熟，时间窗口正在打开，难度不大，比较麻烦的是全国统筹问题，涉及地区发展不平衡。

中国区域发展很不平衡，老龄化的程度差异也非常大。有些地方经济较好，是人口净流入地，并且流入的多是可缴纳社保的年轻人；而有些地方经济较差，人口净流出，留下来的却大多是要领退休金的老年人。比如，黑龙江，是养老保险基金支付最困难的一个省份，它的抚养比仅为1.3∶1；而广东，则是抚养比最高的省份，高达9∶1。实行全国统筹之后，就运用了社会保险的大数法则，可以互助共济。由于收入与消费各地差异太大，中央政府没有足够财力弥补全部缺口，所以2018年开始，先实行基本养老金中央调剂制度，解决不同地区之间均衡养老保险的负担的问题。

第二节　中美社保政策差异

中国的制度设计与美国差异很大，养老双轨制问题至今没有根本解决，全国统筹遥遥无期，社会保障的费率比美国高。现在，由于一些省份养老金亏空，要求老百姓“养老还得靠自己”，有政府失信之嫌。中国1984年建立企业缴费，1991年建立个人缴费，1995年建立统账结合。统账结合制度是把20%的统筹基金（2017年很多省份降到19%）和8%的个人账户基金进行合并管理运行。

笔者认为，中国的养老保险体制改革已成为一个不可回避的问题。随着老龄化问题的日趋严重，以社会统筹基金与个人账户基金为主要内容的“统账结合”的养老保险制度，正面临着严峻的挑战。尽管建立了个人账户，但在收不抵支的情况下，统筹基金严重挤占了个人账户基金。个人账户基金已经从2014年的5001亿元下降到2015年底的3274亿元，账户里实实在在的资金，还不到十分之一。

2001年开始，中国最先在辽宁省启动做实个人账户试点工作，现已推广到全国13个省市区。即便做实个人账户的试点工作已经进行了十多年，养老金个人空账规模的却还在持续增大，而且财政支出的压力也在增加。2015 年全国个人账户空账规模已经超过了 4 万亿，而 2004 年的个人账户空账为 7400 亿。十年时间，空账数字增长了近 5 倍。仅 2015 年，财政就补贴了 3893 亿元用于养老金发放，而 2016 年补贴超过 6000 亿元。政府发现，随着缺口的逐步加大，再做实个人账户基本没有可能了。

现在，政府考虑完善个人账户制度，采取名义账户制，这样，既可减轻财政压力，又可记录缴费，鼓励个人多缴多得；同时，加大基本养老保险基金的投资运营；稳步推进全国统筹。2015 年，中国基本养老保险基金支出占 GDP 的比例仅为 4. 13%，低于 OECD 国家 7. 9% 的平均水平，所以，养老保险发展空间很大。目前，中国的制度设计中缴费 35 年的人员，退休时养老金的目标替代率为 59. 2%，以在职参保人员平均缴费工资来计算，全部退休人员平均养老金替代率目前为 65% 左右，高于国际平均水平。

自 2019 年 1 月 1 日起，中国的各项社会保险费，由税务部门统一征收。

至于医疗保险，中国实行全民医保，并且运行良好。但政府的财政投入很大，长此以往，恐怕难以为继。所以，尚需市场化的医疗保险作强力补充。

而在美国，医疗市场是彻底放开的，完全走市场化道路，商业医疗机构遍地开花，解决了国人看病难的问题，医疗水平也比较高。但是，由于没有政府指导价，看病贵的问题非常严重。如果没有保险，医疗账单对普通民众而言，亦是一笔巨大开支。金融危机时，美国人破产的主要原因，是医疗费而非房贷利息。

1912 年，时任美国总统的罗斯福想要实行新的医疗保险政策，但由于其后任总统的反对未能得以实施。1933 年，小罗斯福提出医疗体系改革，但方案遭到医学专家的指责，亦未能实施。1945年，杜鲁门提议实行义务制的医疗保险，但国会不重视该提议。1962年，肯尼迪呼吁为老年人设立医疗保险，亦未能获得国会通过。

1965年，约翰逊总统终于成功确立了两种新的医疗机制。公共医疗补助机制帮助贫困人群与残疾人士，政府医疗保险制度则为老年人群服务。此后，卡特、里根、克林顿曾经在任期内均提出全民医保方案，但是皆未获国会支持。奥巴马上任之初，有4400万老年人与残疾人享受着政府提供"医疗照顾制度"，有6100万贫困人口享受着"医疗补助制度"；有1.63亿人口，通过雇佣关系获得了医疗保险；另外，尚有1800万人，自费在保险市场上购买了医疗保险。当时，还有4600万人缺乏医疗风险保障，占美国人口的比例超过15%，而其中80%为工薪家庭。

奥巴马在2010年提出《患者保护与平价医疗法案》，2013年在国会通过，并于2015年得到美国最高法院支持。至奥巴马2016年离任，全美医保的覆盖率达到了史无前例的99%，基本实现了全民医保。

全民医保的目标总算实现了，本来这是件功德无量的政绩；但是，实施几年来，反对的声音不绝于耳，因为奥巴马医改触动的利益群体较多。具体讲，该法案有三个方面的大动作：其一，联邦政府降低了低保户的标准线，这样，更多的穷人就有医保了；其二，建立了全美保险业务的应用商店，任何人想买保险上网就可以挑选比对，然后在线完成申请和投保；其三，强制企业给员工买保险，强制个人买保险，不买就罚款。此外，对医疗机构和医生亦有要求，不准他们选择病人。

这个《患者保护与平价医疗法案》，首先会加大保险公司的经营风险，保险公司不能再加价、拒保，若一年收几个重症患者，就得亏本；其次，年轻人感觉自己身体好，买保险纯属是浪费钱，但不买保险又会被罚款，因此他们认为，这是自己掏钱给那些老弱病残花，不合理；另外，在过去，医生会优先挑那种保费高的病人治，这样收入就高，而法案不准他们挑，会造成医生的收入下滑，引起他们的不满；效益不好的企业，面对必须给员工承担的强制医保，只能裁员或者收缩规模；最后，由于奥巴马医改扩大了低保户的范围，多出来的医保开支由联邦政府和各州一起分担，有些富裕的州就不乐意了，认为其违反州法律。

特朗普上台后一直致力于废除奥巴马医保。这与两党的执政理念的差异有关，笔者不做赘述。相比较而言，全民医保在中国很快就实现了，政府的执行力很强，这体现了社会主义制度的优势。

据最新消息，美国国会已同意废除奥巴马医保，特朗普的目的达到了。共和党讲究自由竞争，反对均贫富，主要为底层民众谋福利的奥巴马医保政策被废，应属意料之中。

第三节　中美企业所得税的政策比较

一、中美折旧方法比较

与中国政策相同，在美国，企业固定资产价值的减少通过折旧反映，企业可以利用折旧将固定资产的价值逐渐转移，折旧可作为非付现成本，允许扣除。至于折旧提取方法，中美有差异。

1. 对固定资产购进的费用扣除

在中国，单价2000元人民币以上的工器具、主要的生产设备，可长期使用的建筑物，计作固定资产，固定资产以折旧方式实现价值回收，日常的维修计入当期费用，影响大的更新改造需要调整固定资产原始成本，追加折旧的计提。

美国对固定资产的认定原则与中国相同，但无金额限制，尊重企业选择。

为减少对小额固定资产提折旧的麻烦，促进税收征管，美国实行有限额的费用扣除，金额作动态调整。表4－1列示了不同年度美国的固定资产费用扣除限额。

表4－1 固定资产费用扣除限额

年份	限额（美元）
1981年	5000
1986年	10000
1993年	17500
1997年	18000
1998年	18500
1999年	19000
2000年	20000
2000—2002年	24000
2006年	108000
2007年	25000

购买时便可作当期费用扣除的固定资产除有限额要求外，还必须是用于生产经营目的，有形动产如机器、卡车、家具、电脑。不动产、无形资产、信托等长期资产不享受此政策。符合要求的固定资产，费用化亦有下列政策：每年扣除额不可超过限额；扣除额不能超过经营活动产生的应纳税所得额，超过则结转以后年度扣除；若购入的资产价值超过200000美元，超出的，按其资产增加多少，扣除限额就减少多少的原则操作，直至费用扣除额归零。如2007年购入225000美元的机器，需

全额计提折旧，不能当期扣除费用。2007 年起，在贫困地区、海湾机会区，上述限额适度提高。

中国亦有类似政策。

在中国，为加快固定资产成本回收，鼓励技术革新，在税法列举的六大行业中（如信息传输等），小微企业于 2014 年 1 月 1 日后购入的用于研发与生产经营的仪器设备，单价 100 万人民币以内的，直接作费用扣除；任何企业，在 2014 年 1 月 1 日后购入的专门用于研发的仪器设备，单价 100 万人民币以内的，直接作费用扣除；单价 5000 元人民币以内的固定资产，直接作费用扣除，不再计提折旧。也就是说，自 2014 年起，中国企业的固定资产金额标准从 2000 提至 5000 元。

可见，中国的政策指向仅针对单项资产，对具体的资产而言，要么资本化，要么费用化。

而在美国，固定资产购进的费用化扣除，可迅速回收其部分成本，减少后期折旧的计提，鼓励企业加快更新换代，提振整个社会的技术创新。笔者认为，美国的政策受惠面更广。

2. 固定资产的修理与处置

中美两国的处理方法相同，均对当期费用进行税前扣除。

3. 计提折旧范围

除土地外，其他的固定资产均需计提折旧。

4. 折旧方法

美国与中国相同，有直线法，两种加速折旧的年限总和法、余额递减法。其实，加速折旧法是中国向美国学习引进的。美国在 1954 年便有加速折旧政策，1981 年，为刺激资本投资，国会制定了加速折旧制度，修订前仅设置 5 种折旧期限，不考虑残值，资本回收特别快。1986 年，美国继续对加速折旧方法进行了修订，延长了折旧年限，现在基本适用的是 1986 年的政策方法。

固定资产的折旧期限为 3～39 年不等，详见表 4－2。

表 4－2 折旧年限表

期限	资产类别
3 年	压路机 种猪 赛马及 12 岁以上马匹 手工与特殊工具
5 年	各种车辆、飞机 电脑、办公机械、建筑设备 种牛、奶牛、伐木与锯木设备 研究仪器、新能源设施
7 年	办公设备、制造业的机器 服役时 12 岁以下马匹 各种娱乐用固定资产
10 年	单一用途的农业建筑物 果树、船
15 年	土地改良如公路等 加油站、汽车房
20 年	农场建筑 城市排水设施
27.5 年	可出租的住宅类不动产
31.5 年	1993 年 5 月 13 日前开始使用的非住宅类不动产
39 年	1993 年 5 月 12 日后开始使用的非住宅类不动产

如果找不到相应资产的折旧年限，则采用 7 年的时间期限。

从表 4－2 可看出，大部分的有形动产，成本回收控制在 7 年内，期限不长，有利于刺激投资；而不动产回收期限较长，一定程度上尊重了不动产的特点。

中国的折旧年限分5年、10年、20年，区分没有那么细致，核算相对简单。但是这可能会造成有的电脑、通讯类固定资产，折旧才提一半，便要面对淘汰宿命，前期成本回收过少，报废时的成本扣除压力大的问题。而不动产20年回收成本，继续使用不再提取折旧，新办工厂面对老工厂，产品需分摊的折旧又相对较高，竞争中通常处于劣势。同类行业的上市公司，即便规模相同，老工厂的利润通常会超过新工厂，因其产品毛利率高。中国原来简单区分折旧期限，考虑的是手工会计核算的局限；而现在，会计电算化非常普及，折旧的计算方面不再是难题了，有必要进一步细化其期限。

至于美国，在企业实际操作中，对折旧期限在10年内的固定资产，前期先采用双倍余额递减法计提折旧，余额再采用直线法折旧，从而使前期的折旧扣除最大化；对成本回收15年、20年的固定资产，前期先采用150%的余额递减法计提折旧，余额再采用直线法折旧。当然，企业亦可选用年限总和的加速折旧方法，余额同样采用直线法折旧。而对住宅类与非住宅类不动产，用直线法计提折旧，不采用加速折旧。现实中，企业亦可对所有固定资产选择使用直线折旧法的“替代折旧制度”。

至于汽车，只有当其50%以上时间是用于经营时，才可采用加速折旧法。1986年以后购买的汽车，每年折旧额不能超过规定的限额。以2002年投入使用的汽车为例，每辆车的折旧扣除限额是：第一年3060美元；第二年4900美元；第三年2950美元；以后年度每年1775美元。如果纳税人购买豪车，最后报废时，可能有大额的成本扣除压力。作为一个“车轮上的国家”，汽车只是代步工具，美国政府以此作引导，是希望企业理性购车。

5. 折旧率

在美国，税法提供三种折旧率便于纳税人使用。其一，年折旧率，除不动产外的固定资产均可用此法提折旧，若固定资产在年度中期开始使用或最后处理，则第一年、最后一年均按半年提折旧。见表 4－3 列示年折旧率。其二，月折旧率，仅适用于不动产计提折旧，不动产取得、处理的月份均按半个月提折旧。其三，按季提折旧，适用于动产，在季度中期开始使用或最后处理。

中国的政策规定较简单，当月增加的固定资产不提折旧，当月减少的固定资产照提折旧。企业如果用加速折旧法，最后两年的余额须改用直线法提折旧。用中国方式提折旧，企业完全有能力自行计算折旧率。

中美两国会计准则均规定，对某固定资产使用的折旧方法一经确定，不宜随意改动，要遵守一贯性原则。另外，中美的税法中，均认可折旧额的扣除与会计账面折旧的差异，也就是会计利润与应纳税所得额的时间性差异，这是折旧方法差异所造成的。

表 4－3　按年折旧的折旧率（%）

折旧年份	折旧期限					
	3 年	5 年	7 年	10 年	15 年	20 年
1	33.33	20.00	14.29	10.00	5.00	3.750
2	44.45	32.00	24.49	18.00	9.50	7.219
3	14.81	19.20	17.49	14.40	8.55	6.677
4	7.41	11.52	12.49	11.52	7.70	6.177
5		11.52	8.93	9.22	6.93	5.713
6		5.76	8.92	7.37	6.23	5.285
7			8.93	6.55	5.90	4.888
8			4.46	6.55	5.90	5.922

续表

折旧年份	折旧期限					
	3 年	5 年	7 年	10 年	15 年	20 年
9				6. 56	5. 91	4. 462
10				6. 55	5. 90	4. 461
11				3. 28	5. 91	4. 462
12					5. 90	4. 461
13					5. 91	4. 462
14					5. 90	4. 461
15					5. 91	4. 462
16					2. 95	4. 461
17						4. 462
18						4. 461
19						4. 462
20						4. 461
21						2. 231

6. 折耗、摊销

对自然资源的投资回收宜用折耗。对矿产等自然储藏物勘察、购开采权、资源枯竭等投资款项宜用折耗法处理。折耗方法有两种，成本折耗法与法定百分比法。美国税法规定，纳税人可以选择这两种方法中数目大的金额，换言之，不同年度，成本折耗法与法定百分比法可以换着用，不需考虑一贯性原则。中国的税法亦认可上述两种折耗方法，但是在中国，与折旧方法要求相类似，对相同的资源，纳税人只能选择一种方法进行折耗，不能随便换。

成本折耗 = 尚未收回的投资款/估计的剩余储藏量 × 卖出数量

例一　某铜矿储量 10000 吨，除固定资产外另投入 200000 美元用于勘察等铜矿投资，当年开采卖出铜矿石的数量 100 吨。则成本折耗为 2000 美元可进行费用扣除。

当全部投资回收后，成本折耗就不可再用了，但不妨碍用法定百分比法继续提折耗。

法定百分比法又称法定折耗，为收入 × 规定的折耗比率。而折耗比率，不同物品的自然有异，如铀为 22%，煤与石棉 10%，金银铜铁 15%，沙 5%。在用法定百分比法计算折耗时，不考虑投资的回收情况，会出现成本早已回收，而折耗照常扣除的怪现象。为防止折耗太大影响税基，对法定折耗制定限额政策，不能超过所得额（指未计折耗前的所得额）50%。

油井、天然气井的投资回收不可用百分比折耗法。如果对一口产油油井进行百分率折耗的抵税计算，并且毫无限制，则抵扣的金额可能会数倍于油井的原始成本，对税基侵蚀严重。所以，石油与天然气宜用成本折耗法进行扣除。

采用成本折耗法，需要自行估计自然资源的储量，未知因素多，所以折耗提取主观随意，法定百分比法相对客观，但不考虑成本回收情况。笔者认为，美国的矿产资源折耗政策优于固定资产的折旧政策，折旧以成本回收为限，而折耗无限度。

至于无形资产的成本回收，中美两国均用直线摊销的方式，以 15 年为期限。

二、企业所得税的优惠政策比较

中国，为了利用税收政策进行宏观调控，企业所得税的优惠政策以行业优惠、扶持弱小为主。美国企业所得税亦有优惠政策，但其侧重与中国有异。

下文，列举美国的主要优惠政策，并与中国进行比较。

1. 修复的税收抵免

修复1936年以前的老房子（住宅除外），抵免比例为10%；修复古迹区、登记在册的历史建筑，抵免比例为20%。其修复后需继续持有不动产5年以上；若不到5年售出，其优惠取消，并增加应纳税额。

在中国，对历史建筑的修复保护基本是政府行为，属财政开支。美国亦有地方政府投资改善当地的市容市貌，修复古旧建筑，而由于美国历史较短，对古迹的保护欲望更强，因此，税法中制定的优惠政策，体现了联邦政府的目的。而且，如果是企业拥有的古迹由政府掏钱修复，政府预算行不通，鼓励自行修复，但会从税收方面放弃一点联邦政府利益，毕竟，古迹一旦破败消亡，其损失是很难用金钱来衡量的。在这个优惠政策的引导下，美国企业对古迹的保护有本能的积极性。

2. 外国税收抵免

严格地讲，这不是优惠政策，而是为避免重复征税、体现税收公平原则制定的必要措施。中国亦有类似政策。

美国与其他国家签订了避免双重征税的协议，来自这些国家的所得便享受税款抵免政策，有限额，超限额的可前转5年或后转2年，一般选择前转更划算，可拿到退税。中国可后转5年。

这个政策美国在1918年便建立起来了，现经多年修改完善，条款已经比较细致，基本可以保证资本的合理流动。

2015年以前，世界上有大约3000多个避免双重征税的协定，绝大多数都包括了情报交换条款。但是，由于没有赋予税务机关实际征管能力的“利齿”，这些情报交换是依申请进行的，并且需要提供涉税的证明材料，因此在实践中，其作用非常有限。

2015年，中国签署了《金融账户涉税信息自动交换之多边政府间协议》(即《多边自动情报交换协议》)。《多边自动情报交换协议》是主动进行的、无需提供具体涉税理由的情报交换。这是国际税务历史上的一次重大变革,是在 G20 推动、OECD 主导下建立起来的新的国际税务秩序。这是 OECD 借鉴了美国境外账户法案(FATCA)从金融机构抓起的智慧。需要交换的情报资料包括存款账户、托管账户、现金值保险合约、年金合约、持有金融机构的股权与债权权益。

截至 2015 年 12 月 11 日,未签署《多边自动情报交换协议》的,仅剩 19 个国家。

根据协议,2017 年 9 月起,中国个人及其控制的公司在 56 个国家、地区开设的银行账户信息(截至 2016 年底的信息)需主动呈报中国税务机关。其中,重点国家和地区,包括 Barbados(巴巴多斯),Belgium(比利时),Bermuda(百慕大),British Virgin Islands(英属维尔京群岛),Cayman Islands(开曼群岛),Cyprus(塞浦路斯),Guernsey(根西),Isle of Man(马恩岛),Italy(意大利),Jersey(泽西),Liechtenstein(列支敦士登),Luxembourg(卢森堡),Malta(马耳他),Mauritius(毛里求斯),Netherlands(荷兰),Republic of San Marin(圣马力诺共和国)。

根据协议,2018 年 9 月起,中国个人及其控制的公司在 40 个国家和地区开设的银行账户信息(截至 2017 年底的信息)需主动呈报中国税务机关。其中,重点国家和地区包括 Antigua and Barbuda(安提瓜),Australia(澳大利亚),The Bahamas(巴哈马),Canada(加拿大),Cook Islands(库克群岛),Xiang Kong(香港地区),Indonesia(印度尼西亚),Japan(日本),Macao(澳门),Malaysia(马来西亚),Monaco(摩纳哥),New Zealand(新西兰),Russia(俄罗斯),Saint Kits and Nevis(圣基茨与尼维斯),Samoa(萨摩亚),Singapore(新加坡),Switzerland(瑞士),United Arab Emirates(阿联酋)。

目前，该协议已按计划执行。

对于公司账户，要看公司是积极所得公司还是消极所得公司。如果公司是消极所得类型的公司（指投资所得占50%以上），则需要将控制人作为情报交换的对象。而对于控制人，则要根据金融行动特别工作组（Financial Action Task Force，FATF）的关于反洗钱的行动建议来判定。

交换情报时，对于已有的个人账户，无论金额多少，均在情报交换的范围；对于已有的公司客户，金额在25万美元以下的可以不在范围之内；对于新开设的个人或者公司账户，无论金额大小，均需进行情报交换。

多边自动情报交换，是国际社会与跨境逃避税款斗争而编织的巨网。全球征税，真的来了。

为履行义务，2018年9月，中国首次进行对外交换非居民金融账户的涉税信息。在此之前，中国政府曾经给中国境内的金融机构列出非常紧凑的时间表。2017年1月1日起，开始履行非居民金融账户的尽职调查程序；2017年12月31日前，完成对存量个人高净值账户（即截至2016年12月31日金融账户加总余额超过600万元）的尽职调查；2018年12月31日前，完成对存量个人低净值账户和全部的存量机构账户的尽职调查。中国境内的金融机构，已按政府要求不折不扣地工作，在此，银保监会功不可没。

其实，为吸引投资，各国均将下调企业所得税作为措施之一。

巴哈马、百慕大没有企业所得税，其他的税负亦不高；开曼群岛同样没有企业所得税，但跨国公司对所产生的利润须支付约13%的税率；马来西亚税率为27%，但经税收减免之后，本土公司缴纳的税率平均为19%，跨国公司缴纳的税率平均为17%；印度税率为34%，但跨国公司实际支付的税率中位数仅为17%，本土公司则为22%；台湾地区税率为25%，经税收减免之后，本土公司缴付的税率中位数为20%，跨国公司为 18%；瑞士税率为 21%，本土公司的实际税率中位数为 17%，跨国公司为 19%；加拿大税率为 36%，税收减免之后，跨国公司的实际税率中位数 21%，本土公司的实际税率中位数为 14%；中国名义税率 25%，经税收减免之后，实际税率在 22% 左右；澳大利亚税率为 30%，但税收减免之后，实际税率中位数降至 22%；法国基准税率为 35%，经税收减免之后，本土公司支付的实际税率中位数为 25%，跨国公司的税率平均为 23%；美国的税率是 35%，但经税收减免之后，本土公司支付的税率中位数为 23%，跨国公司税率中位数为 28%，美国在联邦政府征收重税的榜单中排名第二；德国税率为 37%，但本土公司及跨国公司缴付的实际税率中位数分别为 16% 和 24%；英国税率是 30%，经税收减免之后，本土公司的总税收负担是 20% 左右，跨国公司为 24% 左右；日本勇夺本榜单的第一名，日本的法定企业所得税为 40%，本土公司的实际税率为 37%，大型跨国公司的实际税率为 38%，均为全球最高。

美国的高税率，使许多企业在国外注册公司得以避税，苹果公司便是一个典型例证。

例二　据美国参议院常设调查委员会 2013 年发布的报告，苹果公司每天逃税 1700 万美元。2013 年，苹果 CEO 库克出席参议院听证会，就公司避税问题接受质询，苹果公司精心设计的避税方式被公之于众。

通过一系列复杂的公司架构和安排，苹果公司将数十亿美元收入从美国转移到爱尔兰。财大气粗的苹果与爱尔兰谈判，将税率降至 2% 以下。

苹果在爱尔兰注册“苹果运营国际公司”（AOI），下设数个子公司，包括苹果运营欧洲公司、苹果物流国际公司以及苹果新加坡公司。AOI 成立多年，但并不存在任何实体，没有员工，只有两位董事和一名管理者。最令人吃惊的是，AOI 没有缴纳任何税，该公司收入占苹果总收入的 30%。

对此，苹果公司辩解理由如下：虽然 AOI 在爱尔兰注册，但由于并未在当地管理和控制，因此，不算爱尔兰税务居民，免于交税，这符合爱尔兰法律；同时，由于 AOI 在外国成立，当然不属于美国税务居民。在爱尔兰苹果还有一家子公司“苹果国际销售公司”（ASI），作为苹果公司境外知识产权库，ASI 负责购买苹果在中国生产的产品，销往其他地区。与 AOI 类似，ASI 也不是任何国家的税务居民，免于纳税。苹果公司通过这两种方式，每天避税竟可达 1700 万美元，令人唏嘘。

3. 股息扣除

为避免重复征税，体现税收的公平原则，从国内其他公司收取的股息可以进行扣除。当持股低于 20% 时，股息扣除比例为 70%；持股达到 80% 时，股息扣除比例为 100%；持股 20% ~80% 时，股息扣除比例为 80%。持股越高，其股息扣除比例越高。

中国亦有类似政策。

4. 普通经营抵免

普通经营抵免包括残疾抵免、就业抵免、低所得住房抵免等，中国亦有类似政策，均是对弱势群体的照顾。而且，与中国推动环保相似的是，美国亦制定了能源抵免、酒精燃料抵免、石油回收抵免、重新造林抵免等优惠政策。

看来，在保护弱者、保护环境方面，中美政府有共识。

5. 捐赠扣除

捐赠扣除有限额，经营亏损结转、股息扣除、资本利亏结转、捐赠扣除的应纳税前所得额的 10%。超过限额的可向前结转 5 年。也就是说，会出现退税情况。中国的限额是会计利润的 12%，超过限额的可向后结转3年。

中美对捐赠均有扣除限制，但标准、比例、结转方式等均存在差异。中国的方法计算更简单，美国的扣除额度可能会多一点，其具体情况要看企业操作。

世界上许多国家，都在税法中给行善事的人和组织以一定的纳税优惠，以鼓励他们的行为。因为，纳税是义务，而捐赠是美德，两者并不冲突。笔者认为企业真正注意并利用好这些优惠，并不影响行善事的初衷，而且这种务实的做法，可使善事长久。

例三 年薪20万美元的美国总统尼克松，在1969—1971年这三年里，所纳的个人所得税，竟然比年薪7000美元的普通百姓还少。据尼克松总统解释，他将价值57万美元的文献捐给美国国家资料局而获得了抵税优惠。但他的文献究竟作价几何，无从知晓；至于捐文献的日期，更是难以确定。事件经多方查证后，尼克松总统补回了1970年、1971年度的个人所得税，而1969年度的，因超过时效而作罢。由此可以看出，捐赠等善事的确可以获得税收优惠。

在美国，对于捐赠物的价值评估，是以在捐赠时的公平市场价值计量，遵循公允价值计量的方式，非货币财产同货币一样予以税前扣除。

美国是慈善捐款大国，而且个人捐款额远远超过企业捐款额，在捐款这方面，美国人可以称作是世界上最慷慨的人之一。据“全国慈善信托基金”（national philanthropic trust）的统计，仅2013年，全美慈善捐款总数高达3351.7亿美元，相当于每个家庭平均捐款2974美元；而其中，个人捐款占比高达72%，基金会捐款占比15%，遗赠捐款占比8%，企业捐款仅占5%。

对企业来说，核心目标是通过服务社会的需求来盈利，而不是做慈善。因此，在全世界范围内，一般情况下均以个人捐赠为主，企业仅作陪衬。

而在中国，情况大大不同。企业为公益慈善事业捐款，几乎成为一种理所应当的常态。遇到大灾大难，如果有企业没出手，就会变成舆论场中的一种原罪。在这样的舆论环境下，中国企业的捐赠力度，相当可观。

据统计，中国来自企业的捐赠，自2008年起开始有大幅度的攀升。笔者认为，一方面，汶川地震带来了慈善热潮；另一方面，2008年，关于捐赠的税前扣除限额做了相当大的改变，从3%改为12%。自此，企业更愿意参与慈善。2015年，中国企业捐赠为783.85亿元人民币，美国企业捐赠为184.5亿美元。考虑到两国的发展水平与经济体量，中国企业捐赠的热度，实际已经超过了美国。

在中国国内，企业捐赠占到捐赠总额的70.7%，而且，民营企业占一半。近几年，在腾讯等网络平台的大力带动下，国内的个人捐赠数额有了显著成长，其占比目前已达到16.38%，但与其他国家比较，个人捐赠尚有极大的开发潜力。

中国的受捐主体有宗教场所、红十字会等多种类型，以2015年为例，具体资金流向详见图4-2。

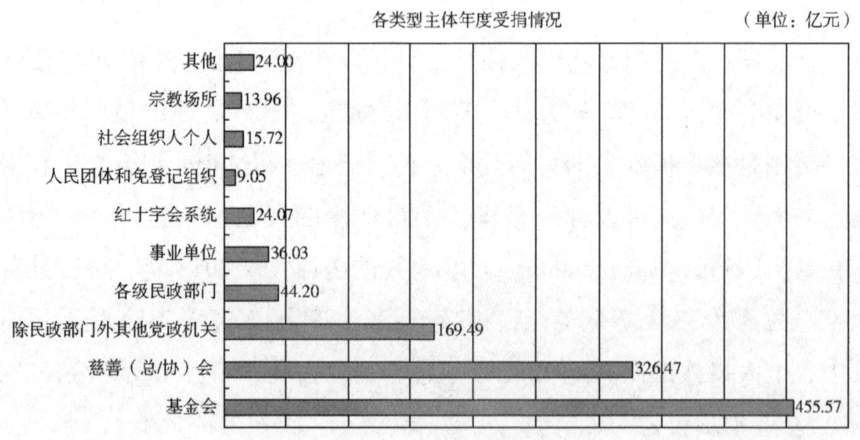

图4-2　2015年捐赠资金的流向

中国捐赠资金的流向，除了有官方背景的慈善机构外，政府部门亦为很重要的受赠方。

第四节　消费税计税方式之比较

在中国，消费税本质上是增值税的补充，消费税税目虽然在不断扩容，但由于其是在增值税的基础上经过选择、修改后所确定，因此，中国的消费税税目数量与英美相比还是较少。

中美英开征消费税的目的应该是相同的，一是筹集收入，二是限制有害健康、有损环境的消费或超前消费。

中国现行的消费税税率，其设立的出发点，主要不是调节消费行为，而是为了平衡财政收入，所以税率与美国、英国等国家的规定有所出入。

目前，按计税方式不同，可以将消费税分为价外税和价内税。价内税是包括在产品价格内的流转税，在价内税体制下，产品税金不仅是产品价格的合理组成部分，也是产品价值的有机部分。价内税有利于国家积累资金，调节产品的利润水平，缓解价格矛盾。价外税是指税款不包含在商品价格内的税，国家以流通中的商品为对象所征的税款，只能作为价格附加，是以称为价外税。价外税税收的变动不直接影响商品的价格和企业利润，税收透明度高，税收负担转嫁明显。

美国、英国，实行的价外税，中国则采用价内税。

第五节 中国开征遗产税的思考

一、各国遗产税的变化趋势

为了吸引投资和资金流入，近几十年，许多国家和地区纷纷停征遗产税。加拿大1972年废除遗产税，但死亡后不征遗产税却征增值税；以色列1981年废除遗产税；印度1985年废除遗产税；澳大利亚1979年中央政府停征，至1992年，各州彻底废除了遗产税；掀起世界潮流；新西兰1992年取消遗产税，翌年，其取得的直接外来投资骤增103%；埃及1996年废除遗产税；塞浦路斯2000年废除遗产税；意大利2001年停征遗产税；瑞典2005年废除遗产税；中国香港、俄罗斯2006年取消遗产税；奥地利、新加坡2008年废除遗产税。另外，葡萄牙、希腊、马来西亚、泰国、多米尼克、中国等国家均无遗产税。

特朗普上任后一直在努力废除遗产税。但目前，国会尚未通过。

作为最早实施遗产税的国家之一，英国的遗产税政策非常不受欢迎。不像美国的起征点那么高，英国的遗产税的触角早就已经伸入中产阶级的腰包。2017年前，英国遗产税起征点为32.5英镑，夫妻二人的起征点为65万英镑，超过部分的税率均为40%。虽配偶之间转移免税，但若不是英国人，免税额仅为5.5万英镑。

英国政府2015年的夏季预算宣布，将遗产税扩展至英国所有的住宅物业。自2017年4月6日起，不论物业的持有方式，遗产税将适用于所有英国住宅物业。受影响的包括持有英国住宅物业而股东为非英国籍人士的离岸公司及离岸信托。无论该住宅物业是用作商业出租，还是供家人留英时暂住，均须缴纳遗产税。

与美国相同，英国也是全球征税的国家。对于非居民来说，英国以外的资产不纳入遗产税范畴，只有处于英国的资产要征税。许多在英国置业的外国人，亦需通过税务计划来合理避税。

根据2017年的政策变动，英国将遗产税免征额提升到了50万英镑，已婚夫妻加起来的免征额度就能达100万英镑，这在相当程度上减轻了英国中产阶级的负担。

韩国房产遗产税的征收比例处于世界中等水平。按照韩国现行继承法及赠予税法的规定，遗产税的实际税率为65%。相对于房产的投资升值空间而言，是很小的一笔钱。

日本采取继承税制，最高税率为70%，即根据各个继承者所继承遗产的数额课税，是典型的分遗产税制。对居民而言，不论其继承的遗产是在境内还是境外，都要纳税；对非居民而言，仅就其在日本继承的遗产承担纳税义务。日本继承税税率共分13个档次，从10%到70%。

加拿大与美国不同，没有遗产税。人去世后，遗产在转交过程中，需要缴纳资本增值税。这项税是以资本利得的概念征税，即当这些财产出现了资本收益的时候，才需要纳税。

例四 在加拿大，某甲去世，他名下有两套物业，其中一套可以免交增值税，另外一套则需要按规定计算增值税后，受益人才可以继承。如果某甲当初购买第二套房子耗费50万加元，去世时，房子增值到150万加元，则需按50万（50%）增值计算增值税。

如果是配偶继承，就不需要计算继承部分的资本增值税。但配偶日后再处置这份资产时，产生的收益就需要计算资本利得税了。

关于资产转交，在加拿大还有另一项有特色的收费——遗嘱认证费。立遗嘱的人一旦过世，若要其遗嘱拥有法律效力，遗嘱人需要向省政府缴纳认证费，进行认证与公证。一般来说，遗产在2.5万元以上才收遗嘱认证费，2.5 万 ~5 万加元的部分，每 1000 加元收取 6 元认证费；5 万加元以上的部分，每千元收取 14 加元。100 万加元需要缴 1.4 万加元认证费，200 万加元收取 2.8 万加元的认证费。

二、中国开征遗产税的思考

中国早在 1940 年 7 月 1 日就正式开征过遗产税。新中国成立后，一直有征遗产税的动议，甚至草案都出来了，但遗产税的开征，至今尚无时间表。早在 2013 年，受当时中国经济体制改革研究会委托，由北京师范大学中国收入分配研究院承担的《遗产税制度及其对我国收入分配改革的启示》课题举行中期成果发布会。研究称，中国已基本具备征收遗产税的条件，建议将 500 万元作为遗产税的起征点开征遗产税。尽管《关于深化收入分配制度改革的若干意见》要求研究在适当时期开征遗产税的问题，但并没有明确何时开征。

在笔者看来，即便征收遗产税很有必要，但目前的时机尚不成熟。

一般来说，征收遗产税具有调节收入分配、预防腐败等功能，还可增加国家税收。但是，要开征这一税种还需要具备制度、技术、文化等方面的条件。如果操之过急，不但达不到目的，还有可能出现诸多负面影响，如导致富人集中向海外移民、遗产提前过户等。

在制度方面，中国的《婚姻法》《继承法》《民法通则》等诸法律为遗产税做了一定的铺垫，但是，由于个人财产登记、申报制度尚不健全，财产评估制度不够完善；现实中，很难确认遗产的数量与价值，因此无法保证遗产在征税之前，不被分割或转移。

开征遗产税，首先需要全国人大立法，显然，这将是一个缓慢的过程。另外，还需要税务机关与银行、住建等部门联网，以及个人所得税的全国联网。近几年，相关联网确实在稳步推进，但目前尚未健全。针对隐形富豪，如果无法在制度上和技术上使其财产浮出水面，开征遗产税就失去了意义。

此外，需要设计约束制度，预防个人财产向国外转移。若不能有效防止财富转移，开征遗产税可能会带来“逼”着富人移民的副作用。

而且，开征遗产税需要综合考量宏观税负。我国重复征税的现象多，间接税过高，对此纳税人已有怨言。开征新的税种，需要改革税收结构、降低宏观税负，如果仅仅是奔着增加税收的目的而征收遗产税，那么公众恐怕难以接受。

再者，必须在保证公民合法财产安全的情况下，才有资格对其征税，一旦出现“亿万富翁遭官员非法拘禁，亿元资产被零元转让”事件，可能会让一些人产生转移财产、避税的想法。

另外，大部分父母都会认为自己的遗产让孩子继承是天经地义的行为，估计很难理解对遗产征税的制度，所以，中国征收遗产税，恐怕会遇到很大阻力。

第六节　英国税制转型之路给中国的借鉴

19 世纪英国的税制改革和转型，降低了穷人的税负，缓解了社会矛盾，提高了税收公平性，同时，促进了工商业的发展。英国税制改革转型的历程，对于中国的税制转型改革，有一定的借鉴意义。

在中国，直接税与间接税的消长变化，呈现曲折的历史。

唐朝中后期以两税法取代了租庸调制，无论租庸调制还是徭役制，本质上都是人头税，属于直接税。而这种人头税虽最为简单，却最不公平。两税法后的田赋和徭役制度，相当于是财产税加人头税，也是直接税，这种历史一直持续到清朝初期的摊丁入亩。摊丁入亩制度后，到清朝结束之前，基本实行田赋为主，盐税和其他商税为辅的税收制度，田赋作为直接税仍然占主要地位。而在太平天国战乱时，各地征收厘金后，间接税的占比迅速上升。到了民国时期，关税、盐税和商税成为财政收入的主体，而田赋收入的占比大为下降。间接税的逆袭，是工商经济和中外贸易快速发展的体现。以间接税为主的税收格局，公平性严重不足。

以宏观历史角度观察，目前中国的税制仍然处于清末民初开始的、以间接税为主的百年历史的一个阶段。这种由企业负担各种税收，并最终通过价格转嫁给消费者的间接税制度，由于其严重的累退性，使得穷人最终承担了与其经济地位不相称的税负，同时也阻碍了工商业的快速发展。因此，进行税制改革，实现由间接税为主到直接税为主的税制转型，应该是大方向。

中国的税制转型，可以借鉴英国的两个做法。

首先，相关改革，必须要有纳税人代表在议会（中国应为人大）进行充分的辩论陈说，讨价还价，这样才有充分的合法性。其次，直接税的增加，必须以间接税的缩减为前提。英国重征所得税时，作为交换条件，降低了关税和消费税的税率，缩减了税目，通过一减一增，最终完成转型。另外，直接税的增加，必然加强税收痛感，因而强化纳税人意识，必然引发纳税人对税收使用等问题的积极监督。

其实，在国家成长过程中应该采用的税制结构，除了间接税制与直接税制两大设想外，还有另外三种设想，现简述一二。

第一种设想，是以直接支出税为主体，来获得税收收入。这种直接支出税，介于所得税与消费税之间，它吸收了前者的考虑（税收应该是针对个人的、直接的或许是累进的），又考虑到了后者的要求（不应对所有的收入征税而只该对用于消费的那部分征税，目的在于支持储蓄，在道德上似乎也更合理）。

构想中的支出税是这样征收的：根据消费者一定时期的支出额进行

累计，并对累计额征税（可以实行累进征税）。支出税的思想，实际上有久远的历史，在现代也有支持者。密尔、马歇尔、庇古和欧文·费舍尔这些著名的经济学家，在一定程度上都是这一税种的支持者。

不过，支出税遇到的最大问题是可能遭遇到不可克服的管理难题，因为它需要非常能干的管理队伍以及可受纪律约束的纳税人。虽然迄今为止支出税仍停留在设想阶段，但在大数据时代下，在电子交易日益普及，支出记录变得越来越可查的前提下，支出税在实践方面的难度，已经在不断地降低。

第二种设想，是把土地税作为单一税种。这种思想亦有比较久远的历史。至少在 18 世纪法国的重农学派那里，就已得到了清晰的阐述。他们认为土地是财富的唯一源泉，因此，土地收益应该是唯一的课税对象。

而到了 19 世纪，曾对孙中山思想产生巨大影响的美国社会改革家亨利·乔治（1839—1897），基于不同的角度，同样论证了单一土地税的合理性。在他看来，随着工业的进步，土地不断升值，但升值部分全部被地主拿走，对国家却一无贡献。因此，他建议将土地的所有经济租金以税收形式拿走，这样就可以废除其他所有的税收。

第三种设想，是定性税或定向税。这一设想，重视的是税收的某种非财政的功能，认为税收应该发挥某种特定的道德、政治或其他功能。

比如说，应该对不需要勤劳就能获得的利得、遗产等征收重税。对这些非勤劳所得征收重税，还受到强调机会平等思想的学者的强力支持。直至 20 世纪末，仍有不少学者从机会平等角度，赞成遗产税的征收，诺贝尔经济学奖的获得者詹姆斯·布坎南便是其中的典型人物。

参考文献

1. 王乔：《英国税制》，中国财政经济出版社，2000 年版。

2. 夏深舸：《美国税制》，中国财政经济出版社，2000 年版。

3. 崔军：《法国税制》，中国财政经济出版社，2002 年版。

4. 马国强，付伯颖：《加拿大税制》，中国财政经济出版社，2000 年版。

5. 郭连成：《俄罗斯联邦税制》，中国财政经济出版社，2000 年版。

6. 邓力平，叶宝珠，郑榕：《荷兰 比利时 卢森堡 税制》，中国财政经济出版社，2000 年版。

7. 雷霆：《美国公司并购重组业务所得税制研究——原理制度及案例》，中国法制出版社，2014 年版。

8. 王晓玲：《中美税制比较》，立信会计出版社，2015 年版。

9. 贾康，王桂娟，等：《财政制度国际比较》，立信会计出版社，2016 年版。

10. 李慰：《出口退税政策与中国出口产品竞争力》，南开大学出版社，2016 年版。

11. 李平，杨默如：《美国房地产投资信托税收政策研究及借鉴》，《国际税收》，2018 年第 11 期。

12. 罗亚苍：《日本蓝色申报制度评析与借鉴》，《国际税收》，2018年第11期。

13. 张为民：《美国纳税信用治理的经验及借鉴》，《国际税收》，2018年第11期。

14. 白景明：《科学认识中央与地方收入划分改革》，《税务研究》，2019年第1期。

15. 曹明星，杜建伟：《求本溯源 存异求同：国际税收竞争与协调的最新发展与完善路径》，《国际税收》，2019年第1期。

16. 刘守刚：《现代财税制度的财产权基础思想探源》，《税务研究》，2019年第3期。

17. 李潇，邓力平，王智：《税收竞争与中国对“一带一路”沿线国家直接投资》，《税务研究》，2019年第3期。

18. 王劲杨：《构建跨境增值税数字化征管手段的思考》，《税务研究》，2019年第3期。

后 记

近几年，随着征管水平的提高，中国政府的税收收入增长率高于GDP增长率，无论企业、个人，对税收的痛感加强，改革税收制度的呼声不绝于耳。

仅根据2017、2018年的经济数据，排行榜上，美国继续占据第一，中国第二，英国第五，中美英三国在国际上的影响力可见一斑。

中美英三个国家，建国历史不同，政治体制不同，经济业态不同；中国的税收改革，可参考美英两国的政策，但切忌照搬。

美国的税收收入结构在不断变化。第一次世界大战前，地方政府征收税款占总税款一半以上。第一次世界大战结束后的二十年间，州政府的税收迅猛增长。第二次世界大战爆发后，联邦政府便开始占主导地位。在1942年，地方政府、州政府、联邦政府的税收占总税款的比重变为20%、22%、58%，这种格局至今依然保持。

作为最早实行君主立宪制的国家，英国的税收制度有自己的面貌，与其政治制度一样，体现了妥协的特点。在英国人看来，用妥协的艺术解决财税困境，比用对抗的措施，更利于统治。

本书共分四章，对中美英三国税收制度的情况进行了客观的介绍、比较。

本书酝酿于2017年7月，所用资料止于2019年3月。在完稿之际，感谢家人的鼓励和理解。

作为江西现代服务业发展研究院文库中的一种，本书由于获得了江西经济管理干部学院的经费资助，得以顺利出版，在此感谢我的工作单位江西经济管理干部学院的大力支持。

范秀娟

2019年4月1日